LOS SECRETOS DE LA REINA

LOS SECRETOS DE LA REINA

X. R. Trigo

Traducción de Anna Riu

EDICIONES EL ANDÉN · BARCELONA · 2008

Título de la edición original: *Els secrets de la reina*

Primera edición en esta colección: noviembre, 2008

Avenida Diagonal 520, 4°1ª - 08006 Barcelona

Diseño de portada: Josep Feliu
Imagen de cubierta: Olga Rivaud Segura

Printed in Spain
ISBN: 978-84-92475-48-3
Depósito legal: B.40.047-2008

Fotocomposición: Lozano Faisano, S. L.
Orient, 5 baixos - 08904 L'Hospitalet de Llobregat (Barcelona)

Impreso por: LIBERDÚPLEX, S. L. U.
Ctra. BV 2249 Km 7,4. Polígono Torrentfondo
08791 Sant Llorenç d'Hortons (Barcelona)

TGV 475483

Para Misericòrdia…

Estimado Abad Arnulf:

Le envío a nuestro mensajero para que le transmita la imperiosa necesidad según la Santa Sede de ilustrar todos los edificios con los libros sagrados dada la falta de fieles capaces de leer las Sagradas Escrituras.

No hay lugar en el monasterio que se resista a los cinceles y buriles del artista, porque su obra tiene la función del lenguaje.

ILDESINDO
Padre Abad de Sant Pere de Rodes

A modo de prólogo

El lector o la lectora de este relato sabe por propia experiencia que la vida es complicada. Las grandes ilusiones de nuestra juventud van dejando paso a una visión más realista del mundo y de las posibilidades del ser humano de influir en su entorno. Pero más adelante, cuando comprendemos que nos queda poco tiempo y que en ningún caso podremos llegar a hacer todo lo que deseábamos, sólo nos quedan, a mi entender, dos opciones.

La primera es caer víctimas de la ansiedad, convocar a la precipitación y a la falta de exigencia para acabar todos nuestros proyectos. Una actitud que bien puede hacernos morir dos veces.

La segunda opción es acomodarse, dejar que el tiempo marque su ley, dejar de lado la necesidad de llegar a imprimir, al menos, nuestra huella en algo de este mundo.

No hace mucho tiempo que me decidí por la segunda opción. Sintiéndome abatido por ser el blanco de decisiones injustas me abandoné a una profunda melancolía, de esas que no tienen vuelta atrás y que sólo pueden conducir a desear un final rápido e indoloro.

Fue entonces cuando la figura de Enric Grau vino a cambiarlo todo. Aquel joven profesor de historia medieval daba la impresión de haber venido al mundo para descubrir todas esas cosas que escapan al raciocinio humano. Su juventud, su incondicional dedicación a la búsqueda de la verdad, su ausencia de miedo; un miedo que, vistos los acontecimientos, hubiera sido del todo lógico, me ganaron para una causa que sólo unos días antes habría dado por perdida sin llegar siquiera a plantearme la conveniencia de alguna clase de lucha.

No puedo terminar sin unas palabras para Beatriu. También su ayuda ha sido inestimable, fundamental en momentos de riesgo, hasta el punto de hacerme replantear mi idea, tan influida por las lecturas piadosas, acerca del papel que debe desempeñar la mujer entre nosotros. ¡Que Dios la bendiga!

Todo indica ahora que el episodio que ha trastornado nuestras vidas ha concluido, me encuentro con este libro entre las manos. En él, Enric ha querido dejar constancia de las dificultades que puede vislumbrar el ser humano cuando emprende el único camino que realmente nos hace grandes: la búsqueda de la verdad. Y lo ha hecho desde su espíritu generoso, desde una mirada crítica y sin embargo respetuosa con la complejidad de los elementos que configuran los hechos relatados en *Los secretos de la reina.*

No puedo más que felicitarlo por esa prosa magistral e inteligible a la vez. Disfrutar de una interpretación que sólo es posible desde una mirada limpia y abierta, capaz de condenar, pero también de comprender, que los impulsos que mueven a las personas no siempre nos dan la oportunidad de seguir con rectitud las enseñanzas de Nuestro Señor.

Como dice la Regla de San Benito, el texto que ha guiado siempre mis pasos y los de mi comunidad: «Al hermano culpable de una falta más grave hay que excluirlo a la vez de la mesa y del oratorio». Pero gracias a la intervención de Enric he podido comprender de una vez por todas que nunca he sido merecedor de semejante castigo.

Le agradezco, pues, que me haya abierto los ojos y le deseo muchos éxitos con este libro que, puedo certificar, y certifico, no contiene ni una sola línea inspirada por el maligno.

GUILLEM ROSA I RUBIÓ
Ex abad de Poblet

Primera parte

I

Sí, ha sido en su casa... —dice Bea nerviosa desde el otro lado de la línea telefónica.

—Pero ¿cómo te has enterado? —pregunto con desconfianza, dada la afición de mi antigua compañera de estudios por las historias truculentas.

—Ahora no puedo contarte gran cosa, Enric. Me han avisado para ir al entierro. Imaginaba que no me creerías, pero el informe de la policía no presenta fisuras. Al pobre Ricard le arrearon una paliza monumental y además dejaron una pintada en la pared de su dormitorio.

—¿Una pintada?

—Sí... *«Porque del Señor habéis recibido el poder, / y del Altísimo la soberanía; / él examinará vuestras obras y sondeará vuestras intenciones.»*

—¿Y qué diantre significa eso?

—Enric, parece mentira que seas profesor de historia medieval y no conozcas la Biblia. Eso es una cita del Libro de la Sabiduría, capítulo 6, versículos 3 y 4.

—¿Y lo entierran ahora? ¿Hoy mismo? —pregunto, mientras me pasa por la cabeza cómo es que las historias de Bea siempre tienen algo que ver con la Biblia.

—Parece ser que lo incineran —explica Bea, nerviosa—, pero llego tarde y… ¿Seguro que no quieres venir?

—Creo que no; no soporto los funerales.

—Ni yo, Enric, ni yo, pero ¡fuimos compañeros de estudios durante cinco años!

—Ya lo sé. Pero vosotros erais más amigos. De hecho, teníais mucho en común —digo, con cierta ironía.

—¡Eres insoportable, Enric!

Cuelga el teléfono. Me deja con la respuesta en la boca, aunque quizá sea mejor que no me haya dado ocasión de hablar.

Bea, Beatriu Casal Sunyer, compañera de los años de universidad, se ha definido alguna vez a sí misma como la eterna redactora de su propia tesis. En cuarto de carrera había salido con Ricard Serra, y después, quebrantando una máxima no escrita, habían seguido siendo amigos. Incluso, según tengo entendido, a veces trabajaban juntos en alguna investigación.

Habíamos coincidido a finales de los noventa en la Universidad de Barcelona. En aquella época, los alumnos, muy poco originales, nos llamaban los tres mosqueteros. El cuarto en discordia, es decir, D'Artagnan, era Jaume Badia, profesor de historia medieval, poseedor de una autoridad en la materia que nadie se atrevía a cuestionar.

La amistad que surgió en aquellos años tuvo mucho que ver con nuestros intereses comunes, y la influencia del profesor Badia fue decisiva desde un principio. Sus clases destilaban sabiduría y misterio, ingredientes ambos capaces de despertar el espíritu de investigación que, según una lógica que no siempre funcionaba, llevábamos dentro. Si hubiera querido vaticinar quién de los tres acabaría siendo el alumno más aventajado, puede que bajo ninguna circunstancia hubiese sido yo el elegido. Bea y Ricard sobresalían en todas las asignaturas. Yo únicamente destacaba con el profesor Badia, más que nada porque me esforzaba en dejar a un lado la fantasía y la imaginación cuando había que interpretar los textos que nos proponía en clase…

—Usted, Enric Grau, no es un alumno brillante ni por asomo —me soltaba, mientras sentía cómo las miradas de mis compañeros me trepanaban—; pero quizá sea el más fiable, el ayudante que un buen profesor siempre quiere tener a su lado.

—Gracias —le respondía yo—, aunque preferiría ser yo el profesor y no el ayudante.

—Si ara en línea recta quizá lo consiga, Enric Grau.

Han pasado siete años desde entonces. Pronto descubrimos que la alianza forjada durante la carrera no continuaría después. Ricard, igual que su padre, se dedicó a la política, y no tardó demasiado en ocupar un puesto relevante y electo dentro del Ayuntamiento, dejando a un lado el mundo académico. Mientras, Bea se había metido de cabeza en una interminable investigación sobre el descubrimiento del arte románico por parte de los artistas del modernismo, y la personificaba en el arquitecto Lluís Domènech i Montaner, con quien, según había difundido maliciosamente un alumno, sin que ella se tomara la molestia de desmentirlo, tenía un lejano parentesco.

Actualmente, ocupo una plaza de profesor adjunto al lado de Badia, la única que quedaba vacante y que muchos consideran un privilegio. Bea no pudo presentarse a ella porque no había acabado su tesis y Ricard ya estaba inmerso hasta el cuello en sus asuntos políticos.

Pero Ricard está muerto y Bea me llama por primera vez después de muchos meses para comunicarme que los tres mosqueteros ya no están vigentes. ¿Me importa? Con el poco tiempo que me dejan las clases y los encargos de Badia lo único que me importa es la investigación que llevo a cabo sobre los movimientos sociales del siglo XIV en Cataluña. Lo demás es ruido que no forma parte de mi sinfonía.

No es raro, pues, que me olvide de la llamada y procure acabar el último encargo de mi jefe de departamento: seguir los pasos de Aloi de Montbrai, uno de los escultores más destacados del gótico catalán, a través de la bibliografía estrictamente esencial sobre medievalismo.

Trabajo a buen ritmo durante todo el día, y ya pienso que conseguiré llenar las fichas que me ha pedido Badia cuando el teléfono vuelve a manifestarse. Al principio ni me doy cuenta, como si en las profundidades del siglo XIV fuera imposible oír el sonido estridente y polifónico del móvil. Miro el número que aparece en la pantalla y no lo reconozco, pero la insistencia es tal que me obliga a descolgar. Vuelve a ser Bea, que me cuenta el funeral casi en directo desde un móvil que no tengo fichado… La cantidad de fuerzas vivas que había, la desolación del padre, el político veterano Oriol Serra Susqueda…

De repente, expresa una imperiosa necesidad de vernos hoy mismo. No consigo entender esas prisas súbitas, pero acepto y en pocos minutos ya estoy bajando por Gran de Gràcia hacia la cafetería Laie.

La veo enseguida. Me está esperando en una de las mesas de la entrada, pero echo un vistazo a los libros de los escaparates para coger fuerzas. Enseguida compruebo que es la Bea de siempre, pequeña, de rostro pensativo, cabellos lacios, vestida con camisa a cuadros y tejanos. Es como asistir a un *remake* de *Perros de paja*, de Peckimpah.

—Hola, Enric —me saluda, sin demasiado entusiasmo—. Eres difícil de ver, chaval. Sobre todo desde que te has convertido en la mano derecha de Badia.

—Me lo gano a pulso, no te pienses —respondo con la misma acritud.

—Eh, ahora no te enfades. Cada uno hace lo que quiere con su vida.

No es que me convenza demasiado esa afirmación, pero lo dejo estar. Me pido un té con base de sirope de naranja y espero a ver qué pasa. Ella es quien ha llamado, quien necesitaba verme. Imagino que quiere recordar los viejos tiempos, hacer una especie de homenaje póstumo a Ricard, pero no tardo mucho en descubrir que los motivos de la cita son muy distintos.

—He estado en comisaría, hablando con el inspector que lleva el caso, un tal García —me explica mientras intento que la mezcla del té con el sirope sea la adecuada.

—¿El caso? ¿Qué caso? ¿Hay un caso?

—Por supuesto que sí, Enric. Ya te lo dije por teléfono; Ricard ha sido víctima de un asesinato y, que quede bien claro, el móvil no es un robo común.

—Espera, espera... ¿Qué entiendes por robo común? —le pregunto, consciente de que no acabo de captar por dónde va la conversación.

—Pues, como ha dicho el comisario García, no se han llevado cosas de valor, solamente el ordenador portátil, aparte de que han revuelto papeles y libros.

—Quizá fueran ladrones de poca monta y especializados en ordenadores. Son una presa fácil y poco problemática —le digo, repitiendo lo que he leído hace poco en los periódicos—. Pero ya entiendo. Crees que puede haber un móvil político.

—No lo creo, Enric. Por lo que yo sé, Ricard no era precisamente una pieza clave de ningún engranaje.

Es decir, que se veían a menudo, que Ricard le contaba sus asuntos del Ayuntamiento.

Sigo sin saber de qué estamos hablando y mientras espero que beba unos sorbos de su Coca-Cola deseo que mi silencio sirva de interrogante.

—La verdad es que la policía no ha encontrado ningún indicio que pueda darnos una pista, exceptuando aquella, según tú, insólita inscripción —dice Bea con un toque de malicia en sus palabras—, por eso les he preguntado si puedo utilizar mi llave.

—¡Tienes llave del piso de Ricard!

—Bueno, la tengo desde hace muchos años. Espero que aún funcione.

—¿Y pretendes que te acompañe al escenario del crimen?

—Creo que estamos obligados a hacerlo, Enric. ¿Recuerdas lo mucho que te ayudó con tus problemas económicos durante la carrera?

Es cierto. Ricard era una buena persona y a menudo me había adelantado algún dinero que mi familia tenía dificultades para reunir. Pero no sé si mi deuda con él incluye ir a su casa a husmear en busca de un motivo para su asesinato.

De hecho, me da por lo contrario. Se me ocurre preguntarle por qué razón quiere meterse de lleno en un lío de esa naturaleza. Pero Bea ya se acerca a la barra para pagar y tengo que beberme el té a toda prisa. Bajamos al aparcamiento de la plaza de Catalunya, donde nos espera su Golf destartalado, y durante un rato lidiamos con el tráfico de Barcelona a las siete de la tarde. De camino, me pone al corriente de algunas cosas que desconozco.

—¿Sabes? Ricard no había perdido el interés por la investigación —dice, mientras avanzamos lentamente por la Via Augusta en dirección a la Bonanova.

—¿Y...? —respondo, lacónico.

—No lo sé, pero hablamos por teléfono hace poco y me dijo que había hecho un gran descubrimiento, un documento que cuando acabara su etapa en el Ayuntamiento quizá le permitiría optar por un puesto en la universidad. Por lo visto era un gran hallazgo que le daría el crédito necesario para intentarlo de nuevo.

—¿Y crees que lo han asesinado por un asunto de trabajo? —pregunto, mientras se me ocurre que tal vez Bea haya visto demasiados *thrillers* americanos.

—Ya sé lo que piensas, Enric, pero no hay que descartar ninguna hipótesis, ¿no es cierto?

Es cierto. Como investigadores de la Historia que somos, nos han educado para no dejar de lado ninguna pista, por muy disparatada que sea. Pero la universidad no tiene mucho que ver con la vida real y, a pesar de la afirmación de Bea, yo no sé qué pensar. La muerte de nuestro compañero me sobrepasa y me gustaría estar en mi apartamento acabando las fichas de Badia; me veo trabajando con ellas toda la noche sin que me quede tiempo a preparar la clase de mañana, con la inseguridad que me provoca eso.

Pero Bea ya está abriendo sin problemas la puerta del piso de Ricard. Siento como si me arrastrara a una aventura no deseada y, a la vez, experimento la curiosidad del cotilla. Hacía tiempo que no volvía al piso del paseo de la Bonanova, un quinto lleno de luz y con los muebles según la última moda de las revistas de decoración. Sería difícil pensar que aquí ha tenido lugar un crimen. Reina el típico desorden de las casas donde los libros rebosan y acaban escondiendo cualquier atisbo de decoración. Pero al entrar en su despacho parece que haya explotado una bomba. La mesa de vidrio está rota y los libros y los papeles están esparcidos por el suelo donde una gruesa línea de tiza marca la posición del cadáver. En la pared donde estaba el cuadro de Ràfols Casamada, ahora roto encima de unos estantes bajos, está la pintada que tanto altera a Bea.

—*«... él examinará vuestras obras y sondeará vuestras intencio-*

nes» —leo en voz alta, obviando la primera parte—. Ésta es la parte más importante de la pintada, ¿no crees? Aunque yo, más bien, lo veo como una amenaza...

—Un asesino que amenaza... No estaría mal, Enric, si no fuera porque, cómo decirlo, va un poco con el *pack*...

—Ni me entiendes, ni te has parado a pensar en ello —le digo, un poco molesto—. Ya sé que los asesinos amenazan, y que sobre todo representan una amenaza para sus víctimas, por supuesto, pero esta pintada parece dirigida a nosotros, nos dice que vayamos con mucho cuidado con lo que hagamos, con las decisiones que podamos tomar...

Pero Bea no está para grandes reflexiones. Se ha sentado en la silla de Ricard y me mira; no puede evitar que los ojos se le empañen con algunas lágrimas.

—No es justo, Enric. Ricard era buena persona. Sé que tú no tienes demasiada fe en la política, pero creo que él intentaba hacerlo lo mejor que sabía.

—No lo dudo —respondo, un poco afectado también por este panorama que nos habla de la ausencia de Ricard.

—Tiene que haber algo, alguna pista. No es normal que entren a robar y se centren únicamente en este despacho, en los libros, que dejen pintadas de esta naturaleza, como si alguien pudiera tener claro su mensaje.

—Quizá los descubrieron, y antes de salir por piernas hubo un enfrentamiento... Pero tienes razón, su objetivo debía de encontrarse en esta habitación. ¿Qué crees que guardaba en el ordenador?

—Ahora que lo dices... No sé si robaron el ordenador. Puede que lo tenga la policía —dice Bea, confundida—. Pero este desbarajuste indica que perseguían algún otro objetivo. El padre de Ricard dijo a los agentes que no echaba nada en falta.

—¿Tú crees? Me parece, Bea, que tú y yo no somos muy buenos criminalistas.

—¡Un momento, Enric! ¡Es muy extraño!

—Todo es muy extraño —le contesto, un poco molesto por su entusiasmo.

—¿Y sus cajas amarillas? —dice Bea, buscando por toda la habitación.

—¿Cajas amarillas?

—Sí. Ricard, como todos los que han estudiado con el profesor Badia, utilizaba el sistema de fichas. Tú también, supongo. Él, a pesar de revolucionar la facultad con sus sistemas de clasificación, tenía un método bastante tradicional para almacenarlas. Las dejaba en cajas de zapatos que pintaba previamente con pintura acrílica de color amarillo.

—Tienes razón, creo que lo comentó alguna vez —ya lo sabía, pero ahora mismo no me apetece confesarle a Bea que Ricard y yo tuvimos épocas de acercamiento; sobre todo en quinto curso, cuando ellos dos rompieron y, a pesar de que seguíamos siendo los tres mosqueteros en público, la relación estaba un poco tocada.

Revolvemos papeles y más papeles sin ser capaces de encontrar ningún indicio de la importante investigación de nuestro amigo. Los libros no son demasiado diferentes de los que tanto Bea como yo tenemos en casa… tratados de historia o de arte de la Edad Media.

—Si pudiera recordar algo —dice Bea, como hablando para sí misma—; pero en realidad no me dijo nada, excepto aquella frase sin sentido…

—¿Qué frase? —pregunto con aire distraído mientras recoloco unos cuantos volúmenes en los estantes.

—Pues que si llegaba a completar la investigación mi familia estaría orgullosa de él.

—¿Tu familia? ¿Qué quería decir con eso?

—¡Ojalá lo supiera, Enric! No le di ninguna importancia. Supongo que a veces me molestaba el grado de suficiencia que había adquirido con la política.

—¡Un momento! No tendrá relación con aquella broma que a veces te gastaban, ¿te acuerdas? Cuando te decían que eras descendiente de Domènech i Montaner —enseguida me arrepiento de haberlo dicho, pero ya no tiene remedio.

—Veo que no has perdido el olfato, Enric. No esperaba que te acordaras de esas cosas, pero el parentesco es cierto. Al menos, eso es lo que dice mi madre, y ya sabes que la figura de ese arquitecto siempre me ha interesado. Me habría gustado convertirlo en el tema de mi tesis, pero después de tanto trabajar en esa dirección se me adelantaron. Gajes de la investigación.

—Lo sé, lo sé, me lo has contado un montón de veces —la interrumpo mientras mi cerebro va tirando del hilo—. Pero pon por caso que el hallazgo tenga algo que ver con él; tendría lógica que te hubiese dicho eso.

Bea no contesta. Se sienta en la silla con ruedas que hay al otro lado de la mesa rota y revisa los libros esparcidos por encima. Uno de ellos es el catálogo de la exposición que tiene lugar estos días sobre Domènech i Montaner. Nos miramos, aunque los dos sabemos que puede no significar nada.

Aún permanecemos un rato más escudriñando el piso. Ella va a la cocina a beber un vaso de agua, y yo me quedo pensando en lo que ha dicho sobre la importancia que Ricard dio a su hallazgo. Según parece, era muy valioso para nuestro amigo, un auténtico tesoro. ¿Donde podría guardar una cosa así? ¿Era tan importante como para morir por ella?

Me sorprenden mis propios razonamientos. No hace mucho

que he reprochado a Bea que quiera ejercer de policía criminal y ahora soy yo quien se afana buscando indicios. De repente me asalta una idea y localizo, por el ruido, la ubicación de mi amiga dentro de la casa. Mi idea está relacionada con la palabra tesoro. Recuerdo que Ricard la había utilizado para referirse a algo muy concreto, su colección de sellos franceses.

—¿Por qué franceses? —le pregunté una tarde en aquella misma habitación.

—Pues ¿por qué no? —respondió muy serio—. Hay que delimitar este tipo de pasiones y, al menos, los sellos franceses parecen más fáciles de encontrar que los de Pakistán, por poner un ejemplo.

Localizo sin dificultad el álbum de sellos en el suelo, muy cerca de la mesa de trabajo. Es una carpeta de anillas que sirve para reunir una gran cantidad de clasificadores. Algunas piezas se han movido de sitio, pero en general no parece que a los asesinos de Ricard les hiciera mucha ilusión la filatelia. Me digo que quizá se le ocurriera guardar allí dentro su descubrimiento, que un tesoro debe estar entre tesoros, como decía el profesor Badia en sus clases…

—Pensad que hay objetos, datos, ideas que se atraen entre sí, que pueden reunirse por una suerte de atracción secreta, por una confabulación de destinos paralelos.

Y es que a veces Badia se comportaba como un verdadero poeta de la Historia, encontrando relaciones donde ninguno de nosotros era capaz de ver más allá. Quizá por eso lo admirábamos. Siempre iba por delante de nuestros razonamientos, siempre nos sorprendía con sus juegos de prestidigitador. Hace ya tiempo que me he dado cuenta de las imposturas con que las sustentaba, pero eso no le quita mérito. También la Historia es a veces una gran impostura.

A pesar de mis reflexiones no he descuidado la búsqueda. Reviso el álbum a fondo, pero no encuentro ningún documento entre las páginas. Aunque quizá ya lo hicieron los asesinos. ¡Un momento! ¡Sí que hay algo! Los clasificadores están formados por dos hojas de cartón pegadas. Me doy cuenta de que una de esas páginas está abierta, y dentro… Unas hojas de papel rayado, un papel antiguo que se ha vuelto amarillento pero que sigue bien vivo gracias al cuidado que ponían antiguamente en su elaboración.

Bea se acerca y yo me guardo el papel en el bolsillo interior de la americana.

—La colección de sellos de Ricard —digo, haciéndome el distraído.

Nos envuelve un silencio espeso e incómodo durante el regreso en coche. Me disgusta esconderle lo que he encontrado, pero no puedo vencer el deseo de ser el primero en examinarlo. Bea dijo una vez que veía la profesión de historiador como una carrera de dos seres famélicos que, aun habiendo en la meta comida suficiente para saciar el apetito de ambos, luchan por el privilegio de escoger lo que más les apetezca.

Antes de despedirnos dice que no irá a ver al comisario, como le había prometido, que lo llamará por teléfono. Su incursión en asuntos policiales le ha salido mal y no puede soportarlo. Bea es así; siempre en busca de imposibles, siempre arriesgando por caminos que raramente conducen a algún sitio.

Me deja delante de casa, con un beso forzado y una sensación de derrota en la mirada. Mientras subo las escaleras me pongo la mano en el bolsillo y toco los papeles de los que sólo me he quedado con las iniciales que los encabezan: D. M.

¿Domènech i Montaner, quizá? Necesito averiguar si he acertado con mi apreciación, pero espero a cruzar el umbral, a quitarme la americana y a prepararme un buen té de canela. Privilegios del investigador solitario.

II

Por lo que ahora sabemos, podemos suponer que ya desde muy lejos, nada más abarcar con la mirada la recta final del camino, Aloi de Montbrai comprendió que su estancia en Poblet, ese verano de 1348, no iba a ser tan plácida como en ocasiones anteriores. Por entre los olivares y los sembrados que se extendían a las afueras del recinto podía distinguir la iglesia y varios andamios que servían de apoyo para la construcción del cimborrio. Pero también se observaba un movimiento inusual a las puertas del monasterio; tanto era así, que creyó oír la algarabía de voces de aquellas figuras alborotadas, transportada por una brisa suave de primavera.

Unas leguas atrás, poco después de salir de las tierras de Milmanda donde había dejado a su joven esposa y a su hijo, ya se había cruzado con otros carruajes. Viajaban excesivamente cargados, dejando profundos surcos en el barro provocado por las lluvias de los últimos días. Le había parecido ver el miedo reflejado en los rostros de los viajeros, pero su temperamento, tan proclive a dejarse llevar por la imaginación, le había impedido tomarse demasiado en serio esas apreciaciones.

Como escribiría más adelante en su *Crónica*, Aloi había emprendido el último tramo del camino con gran entusiasmo. Pere el Ceremonioso lo había llamado a Poblet para que acabara de cumplir el contrato que los unía, en virtud del cual iba a dar forma definitiva a los sueños del rey. Sabía del carácter irascible y violento del monarca, pero también le había dado muestras de su inteligencia y de su interés por las artes.

El escultor recordaba de manera especial la época de su estancia en Barcelona para trabajar en las figuras de los condes y reyes catalano-aragoneses del salón del Tinell y el Palacio Real. Durante la realización de esas obras, Aloi vivió muy de cerca las tensiones que el joven monarca provocaba entre la nobleza catalana, fruto de la ambición con que éste se planteaba el futuro del reino.

Al fin y al cabo, Aloi veía esa estancia en Poblet como una oportunidad de escapar durante un tiempo de un mundo en crisis, una crisis que las hambrunas y la peste estaban convirtiendo en endémica. Hay que tener en cuenta que cualquier hombre de su época consideraría el monasterio como un lugar sagrado donde el mal no podía hacer acto de presencia. Sin embargo, él pensaba que la lucha contra el mal, viniera de donde viniese, era mucho más que una cuestión de fe.

Después de aquella visión de Poblet desde la lejanía, el escultor retomó el camino dispuesto a recorrer la distancia que lo separaba del recinto. Lo hizo entre curioso y preocupado, esperando de todo corazón que las apariencias no fueran, una vez más, un fiel reflejo de la situación. Uno de los carros que marchaban en sentido contrario pasó por su lado con toda la urgencia que permitía a los bueyes la mano exigente que los dominaba. En el pescante iba una familia entera, el padre, la madre y cuatro chiquillos, uno de ellos refugiado entre los brazos de la mujer. El resto era un batiburrillo de cacharros y herramientas, y también de muebles, sacos con ropa o grano y cachivaches varios que a simple vista Aloi no fue capaz de reconocer…

—Vuestro destino no será el monasterio, por un casual —preguntó el hombre al viajero solitario.

—Pues, sí —dijo Aloi, dudando si era ésa la respuesta correcta, habida cuenta de que apenas había oído lo que le preguntaban—. ¿Hay algún problema?

—Yo de vos no cruzaría esos muros —señaló el hombre mostrando una dentadura ennegrecida y arrasada, y mientras la mujer que llevaba el más pequeño en brazos le decía algo—. El mal se ha adueñado del monasterio.

Aloi apenas pudo oír aquellas palabras; la mujer sacudía con fuerza el brazo del hombre como si le exigiera algún imposible.

—¿No seréis médico? —la mujer finalmente se había dirigido a él con los ojos empapados de desesperación.

—No, señora, soy maestro escultor, Aloi de Montbrai, a las órdenes del rey Pere…

No tuvo la oportunidad de comprobar el efecto que causaban sus palabras. El hombre forzó aún más los bueyes y la pequeña brizna de esperanza que se había reflejado en los ojos de la mujer volvió a perderse en una profundidad insondable. Aloi siguió su camino y se cruzó con otros dos carros, pero ninguno de sus ocupantes mostró el más mínimo interés por su presencia.

A las puertas del monasterio, la situación parecía más grave aún. Dos monjes discutían con la gente que corría de un lado para otro transportando hasta los carros sus pobres pertenencias, pero las caras y el tono de las voces revelaban que la autoridad eclesiástica poco podía hacer en aquella circunstancia. Aloi se plantó delante del clérigo de más edad sin interrumpir la conversación o la disputa, eso no quedaba claro a tenor de los gritos que ambos se dirigían.

—¿Tú también quieres marcharte? ¿Pues a qué esperas? —le

dijo el monje a Aloi cuando el otro hombre se fue dejándolo con la palabra en la boca—, pero ten en cuenta que en ningún lugar estarás más a salvo que en el monasterio.

—Disculpad, padre, pero yo no me voy, vengo. Soy Aloi de Montbrai, maestro de obras de Su Majestad.

—¿Quién decís que sois? —preguntó el monje, como si no se acabara de creer aquellas palabras o si no hubiera alcanzado a oírlo entre tanto griterío.

—Aloi de Montbrai, maestro de obras, con un encargo real —repitió con cierto orgullo, no en vano los otros trabajos que había hecho para el rey le habían valido su agradecimiento y felicitación expresa.

—Tendréis que disculparme, maestro Aloi, como bien veis, hoy es un día difícil.

—¿Se puede saber qué pasa? ¿Por qué quiere huir toda esta gente?

Enseguida se dio cuenta de que era una pregunta inconveniente. Intuía que su esperanza de dejar atrás la enfermedad con aquel viaje a Poblet no era más que una quimera. Ahora, sin embargo, ya no tenía ningún sentido echarse atrás.

—Hoy ha muerto uno de nuestros hermanos legos —dijo el monje lentamente, como si dudara de que aquélla fuese una información que podía dar a cualquiera—, y todo el mundo ha enloquecido. Sobre todo aquellos que se habían instalado por los alrededores, pero con los hermanos legos también tenemos problemas. Temen que el mal se extienda por el monasterio, como si Nuestro Señor no velara por nosotros.

Aloi recibió con frialdad las palabras el monje. Ya se había topado en otros lugares con aquella enfermedad que se apoderaba de la gente cualquiera que fuese su condición y sabía que, allí donde se presentaba, las personas morían como chinches a golpes de alpargata. Pero el monje empezó a discutir con otro hombre, sin duda uno de aquellos conversos tan necesarios en un gran monasterio para las tareas del campo.

El maestro de obras dio la conversación por terminada. Sin prestar atención a la escena que tenía ante sus ojos, cruzó la puerta de acceso, donde el caos del exterior disminuía hasta el punto de que incluso llegó a sentir en su propia carne el silencio y la protección que la iglesia ofrecía a sus fieles.

Aloi de Montbrai no era un hombre religioso, aunque siempre pregonaba que creía en Dios, quizá por comodidad considerando el tiempo que pasaba rodeado de hombres de fe. Por otra parte, tampoco puede decirse que la enfermedad lo preocupara demasiado. Ya hemos dicho que su fe era más bien escasa, pero sí que creía en el destino de los hombres y el suyo debía de estar escrito en algún libro de horas. Qué importaba, pues, el mal. Aloi de Montbrai pensaba que uno no puede escapar a su propio destino. Sin embargo, con la familia era distinto. Le dolía exponerlos, hacerles ver las cosas a su manera.

No tardó en encontrarse con otro monje que no lo vio hasta que estuvieron frente a frente, como si el único saludo posible fuese el silencio.

—Disculpad, padre, pero alguien debería conducirme ante el abad Copons. Soy Aloi de Montbrai.

—Y yo soy el padre Joaquim. ¿Quién sois vos, buen hombre? ¿Cómo habéis entrado aquí? —le preguntó el monje, aturdido aún por aquella presencia desconocida en el interior del claustro.

—Soy el maestro de obras de Su Majestad —repitió Aloi, un poco molesto por tener que comunicar a cada persona que encontraba una información que ninguno de ellos parecía comprender.

El monje puso cara de espanto y, luego de dar media vuelta, desapareció en el interior de la iglesia sin decir palabra. Aloi había penetrado en el recinto sin pensárselo mucho. Estaba acostumbrado a pisar suelo sagrado y, tal como iban las cosas por allí, tampoco le pareció que hubiera nadie en condiciones de oponerse. Empezaba a pensar que sus aspiraciones a una vida tranquila al lado de su familia no cuadraban con la situación que se vivía en Poblet. La granja de Milmanda, no muy lejana más allá de los prados y los cultivos, le había parecido un lugar seguro para dejar a su esposa y su hijo mientras él les preparaba un alojamiento digno. Su idea era traerlos un par de días más tarde, pero después de comprobar el caos que imperaba en el monasterio dudaba de la iniciativa.

—Buenos días, maestro Aloi —dijo alguien a su espalda, con una voz bien modulada pero sin sobrepasar ni una milésima el volumen necesario para ser escuchado.

—¡Buenos días! —respondió Aloi, dándose la vuelta y, aún sorprendido, vio una figura conocida, la del monje que le había sido de gran ayuda en Barcelona cuando estaba acabando un trabajo especial para el rey—. ¡Padre Serafí! ¡Vaya sorpresa! No sabéis cuánto me alegra encontrar a alguien con quien poder hablar y, sobre todo, sin que desaparezca por una u otra causa.

—Bueno, son tiempos difíciles —dijo el padre con una gran sonrisa.

—No me cabe la menor duda, padre Serafí —Aloi y el padre Serafí habían trabado buena amistad años atrás; se quedaban hasta altas horas de la noche, saltándose las reglas monásticas, debatiendo sobre la falta de fe del maestro de obras—. No sé si alguien os ha advertido de mi visita, pero tengo entendido que el rey no tardará en presentarse. Me ha hecho llamar porque quiere discutir la disposición definitiva de las sepulturas reales.

Aloi de Montbrai observó con curiosidad la reacción del monje. Sabía que la decisión del rey Pere había sido discutida por algunos obispos catalanes. Muchos de ellos pensaban que trasladar las sepulturas desde Santes Creus hasta Poblet era un gasto innecesario y, además, lo interpretaban como una nueva muestra de vanidad y prepotencia real.

—Un mensajero nos informó hace unos días de vuestra llegada, pero no sé si, a la luz de los hechos, los planes del rey habrán cambiado —dijo el monje mientras Aloi se acercaba a la fuente del claustro.

—Perdonad, padre, pero tengo una sed de mil demonios —explicó Aloi haciendo un cuenco con las manos para poder retener el agua de apariencia cristalina.

—Ya veo que los años no han conseguido cambiar vuestro carácter, maestro Aloi —dijo el monje con una ironía que al escultor no se le escapó.

—Diría que los años tienden, más bien, a acentuar nuestros pecados, ¿no lo creéis así, padre?

—Es posible, pero ahora en Poblet necesitaremos mucha fe si queremos sobrevivir —respondió el monje y su semblante se volvió serio y preocupado.

—¿Tan grave es el asunto?

—Vos, Aloi, sois un hombre bastante viajado y conocéis las debilidades humanas. Si el mal ha entrado en el monasterio, el demonio tendrá la oportunidad de librar una de sus batallas contra Nuestro Señor.

Aloi asintió con la cabeza, pero era incapaz de verlo de aquella forma. En lugares donde la presencia de Dios no estaba clara también se había presentado el mal y no había preguntado antes por Nuestro Señor. Pero aunque ése fuese su pensamiento decidió que, por muy amigos que fueran, hay que medir las palabras dichas en sagrado y no hacía falta sacar más punta al tema.

—Según me han informado, vuestra familia se ha quedado en Milmanda; me parece una buena decisión —dijo el monje ante la perplejidad de Aloi, que, aun teniendo conocimiento de la efectividad de la Iglesia cuando se trataba de saber lo que sucede en sus dominios, no esperaba que fuera tanta.

—Bueno, digamos que se trata más bien de una decisión casual. Tanto mi mujer como mi hijo estaban bastante cansados anoche. Se quedaron en Milmanda y yo esta mañana me he adelantado para preparar su llegada.

—Yo no los traería al monasterio, al menos de momento —dijo el padre Serafí con el semblante taciturno.

—¿Hay algo, quizá, que los hombres y mujeres que huyen desconocen, padre? —preguntó Aloi al oír las palabras del monje.

El padre Serafí lo miró fijamente y Aloi vio tristeza en sus ojos, y puede que también secreto, el rastro de algún secreto que le nublaba el alma. Durante unos instantes, no cruzaron palabra alguna, pero enseguida pareció que el monje recuperaba el ánimo, se acercó al banco que rodeaba la fuente y habló con sinceridad. El maestro de obras sintió que su amigo se quitaba un peso de encima con aquella confesión.

—Todo va mal, maestro Aloi. Ya han muerto dos hermanos, pero hemos conseguido ocultarlo mandándolos a la granja de Riudecanyes. Hay tres más con los síntomas de la enfermedad y, lo que es más grave...

—¡Decidme, padre! —dijo Aloi al ver que el monje enmudecía de repente.

—El propio abad Copons se despertó hace unos días con unas bubas sospechosas debajo de las axilas —el padre Serafí estaba lleno de inquietud, tanto que incluso esa manera tan suya de estar en el mundo, transmisora de una calma grata, casi beatífica, iba perdiéndose a medida que relataba los hechos al maestro Aloi.

—¿Ponç de Copons está enfermo? Esto es un grave contratiempo para los deseos del rey —dijo Aloi al tiempo que pensaba en su familia y se hacía el propósito de mandarla muy lejos del monasterio, sin tener la menor idea de adónde demonios podían ir.

Ese pensamiento sobre el maligno lo hizo mirar fijamente al padre Serafí, como si temiera que sus informadores, o él mismo, fueran capaces de leer las consciencias.

Pero el monje se había situado más allá del claustro y todo indicaba que Aloi tendría que buscar a alguien que pudiera indicarle dónde guardar sus herramientas. Siempre llevaba encima sus preferidas, aunque en el transcurso de los años había ido eliminando algunas. Después de tantas obras, de tantos viajes, su espalda ya no aguantaba tanto como en los años de juventud.

—Venid conmigo, maestro Aloi. Querréis descargar un poco todo este peso —dijo el monje, levantándose de golpe y cogiendo a Aloi totalmente desprevenido.

Caminaron en silencio por el claustro hasta llegar a la salida por donde había accedido Aloi. Muy cerca estaba el dormitorio de los conversos; lo adivinó enseguida por la cantidad de ropas y garambainas que había por todas partes. Imaginaba que no le pedirían que durmiese con los monjes, cosa que sólo le había sucedido en algún pequeño monasterio, pero esperaba una estancia modesta, donde él y su familia pudieran tener un poco de intimidad. No dijo nada, pero entendía que sólo se puede ser generoso cuando la vida es generosa con uno, y todo parecía indicar que en aquellos tiempos no era ése el caso de los monjes que regentaban Poblet.

El padre Serafí se disculpó. Lo esperaba la misa y no quería dar pie a más comentarios por la ausencia del padre abad.

Aloi miró con un poco de asco las herramientas de los hermanos legos, personas que se acogían a la vida religiosa aun siendo analfabetos o de origen muy humilde. Hacía poco que la Iglesia los había admitido en los monasterios y él, acostumbrado a una vida bastante fácil en otros lugares donde se lo trataba como a un señor feudal, se sentía un tanto ofendido por aquel hedor a humanidad que rezumaba la gran sala.

Pero no era ésa la principal preocupación que lo asaltaba en aquellos momentos. El rey lo había conminado a presentarse en Poblet urgentemente, decidido a dar un impulso definitivo a los Panteones Reales. ¿Qué pasaría si el abad Copons, un verdadero coloso cuando se trataba de ejecutar ese tipo de obras, acababa muriendo a causa de aquel mal implacable? ¿Se atrevería el rey a viajar a Poblet y exponerse a los peligros de la enfermedad en un recinto tan pequeño? ¿Y qué debía hacer él con su familia?

Mientras pensaba en todo aquello, una rata de dimensiones considerables, con la piel negra como el carbón, cruzó la sala y se situó muy cerca. Aloi, que se había acostumbrado a tenerlas de compañía durante sus obras, sacó un mendrugo de pan seco de la bolsa y esparció unas migas por el suelo. La rata fue acercándose con timidez, pero de repente reunió los trocitos con las patas y se puso a comer tranquilamente bajo la mirada del maestro.

III

Quisiera sentirme mal, reprocharme el haber ocultado el hallazgo a Bea. Pero, lejos de todo eso, me siento como si hubiera ganado el pasaporte al cielo. Retiro todos los papeles y libros inútiles de la mesa que tengo instalada, yo también, en el comedor. Luego coloco encima el té de canela y las tres hojas dobladas que he encontrado entre la colección de sellos franceses de Ricard.

Son de tamaño cuartilla y de rayas, como las que se utilizaban hace muchos años para escribir cartas. La letra pequeña, más bien minúscula, hecha con estilográfica de tinta negra, tiene una palidez que hace juego con la pátina amarilla que el papel ha adquirido con el tiempo. Parece un ejercicio de caligrafía. La letra, inclinada; el trazo, cuidadoso a pesar de los tachones y las correcciones entre líneas. Vuelvo a mirar las iniciales, esas D. M. que quiero pensar que pertenecen al propio Domènech i Montaner. Puede que corra demasiado, pero la lectura del contenido de la nota parece confirmarlo.

Quien firma con las iniciales D. M. explica sucesos del reinado de Pere el Ceremonioso, como si quisiera hacer un resumen para su uso particular. Más adelante, se extiende de forma más detallada sobre la vida del escultor Aloi de Montbrai, posiblemente el más importante del siglo XIV en Cataluña. Al leer eso se me disparan todas las alarmas.

—¡El profesor Badia me pidió que fichara el material disponible sobre el maestro Aloi! —exclamo en voz alta, como si hablara con los libros que ocupan las paredes del comedor, incluido todo el espacio que queda entre el ventanal y el suelo.

Si algo he aprendido después de tantos años de convivencia con ellos es que los libros no responden nunca a coro. Tienes que interrogarlos uno a uno. Sigo, pues, con mi revisión del documento. Hay un párrafo que me hace retroceder en mi lectura apresurada. Habla de algún momento del año 1348 en el que hubo que paralizar las obras del monasterio de Poblet porque la peste acabó con la vida de treinta conversos y más de una cincuentena de monjes, entre los cuales se encontraban el abad Ponç de Copons y su sucesor. ¡Y en poco más de ocho días!

He dicho que soy historiador, que mi especialidad es la Edad Media, pero quizá deba extenderme un poco más. En ese enorme período de tiempo que abarca desde la caída del Imperio romano hasta el Renacimiento, hay un siglo que me interesa especialmente: el XIV. Y mucho más aún el reinado de Pere el Ceremonioso, rey de Aragón y de Valencia y conde de Barcelona durante más de cincuenta años en un momento crucial para la evolución de la vida política de la Península. Me interesa por tratarse de una época de grandes convulsiones sociales a causa de las hambrunas, las epidemias y, sobre todo, de la aparición de la Peste Negra. Se calcula que acabó con un tercio, o más, de la población del continente.

Del reinado de Pere el Ceremonioso se pueden destacar dos años, 1347 y 1348, momento en el que hubo que sofocar las revueltas de la Unión de Aragón y la Unión de Valencia, que se negaban a aceptar como sucesora a su hija mayor, Constança. Pero aún hay más: en 1348, el rey Pere decidió iniciar la construcción de los Panteones Reales en Poblet, luchó contra la peste ya citada y sufrió la desgracia de ver caer víctima de la enfermedad a su esposa Leonor de Portugal, quien sólo tuvo la oportunidad de disfrutar de su condición de reina durante trece meses.

Yo ya tenía noticias de todo eso, pero intuyo que algo se me escapa. ¿Qué insinúa el texto, realmente? Meneo la cabeza, como si con las prisas hubiese cometido un error de interpretación de datos. Prosigo la lectura unas líneas más arriba y descubro una serie de conclusiones posibles.

Las notas sugieren que la reina Leonor no murió de lo que los investigadores llamaron más tarde peste negra, sino que fue víctima de una conspiración urdida por la Iglesia y los comerciantes de Barcelona contra su esposo, el rey. Por poco que se haga una lectura entre líneas, no hay lugar a dudas.

Pero ¿en qué cambia la historia de un momento tan importante esta información que, según parece, proviene de un escrito de Aloi de Montbrai parcialmente traducido e interpretado por D. M.? ¿De dónde sale esa especie de diario no documentado por nadie que se cita?

Más aún: ¿qué relación tiene Aloi de Montbrai con D. M., con el profesor Badia, con Bea, con la muerte de Ricard?

Aturdido por las consecuencias que adivino detrás de todo esto, por la extraña conexión que se ha establecido de repente entre todos nosotros y un escultor medieval del siglo XIV, pienso que ha llegado la hora de tener una conversación seria con Bea. Cojo el teléfono y me dispongo a llamarla, pero unos golpes insistentes y secos me hacen desistir irremediablemente. Seguramente no he oído la campanilla y alguien está empezando a inquietarse. Recojo todos los papeles esparcidos por la mesa y me acerco a la puerta.

—Sí, ¿quién es? —pregunto, un poco sensibilizado por las noticias continuas sobre asaltos a domicilios que traen los periódicos.

—¡Policía! —responde gravemente alguien desde el otro lado.

Cuando abro la puerta me encuentro con una figura alta y delgaducha. Ya no es joven, pero por la ropa lo parecería: unos vaqueros de color naranja y una camiseta con un nombre que debe de ser de algún grupo musical: Ankor. Dice ser el inspector García y que Bea le ha dado mi dirección. Quiere hablarme de la muerte de Ricard y le pido que pase al comedor-despacho mientras doy las gracias mentalmente a mi amiga por implicarme de forma tan inmediata.

—Tengo entendido que acompañó a Beatriu Casal durante su visita al piso del difunto —lo deja ir mientras hojea distraídamente un libro sobre los reinos americanos del sol que tengo sobre la mesa y yo miro la carpeta donde he guardado los papeles.

—Sí, ya veo que no se le puede ocultar nada a la policía.

—Bueno, es nuestro trabajo —me contesta, y cierra el libro con una repentina mueca de asco—. En realidad mi visita sólo es para asegurarme que no queda ningún cabo suelto. ¿Encontró alguna cosa fuera de lugar en casa de Ricard?

—Pues ya debe de haberle dicho Bea que más bien no; salvo el descalabro general, claro está. De todas maneras, yo tampoco lo conocía tanto como para poder llegar a según qué conclusiones.

—Bien, bien... —ésta parece ser su expresión favorita, como si deseara que algo consiguiera estar bien en este mundo.

—No sé qué más puedo decirle, inspector.

—La verdad es que hay puntos oscuros en la muerte de su amigo, o conocido... —me mira; quizá espera alguna reacción por mi parte, pero su visita más que perturbarme me inclina a la prudencia, y no hay mejor prudencia que el silencio—. Sospechamos que no podemos bajar la guardia. Usted me avisará si recuerda algún aspecto que pueda sernos útil, ¿verdad?

—Sin duda, inspector —miento con gusto—. No tengo ninguna intención de complicarme más de la cuenta. La policía es quien debe hacer este tipo de trabajo.

El inspector García me mira con expresión incrédula y se pone a pasar revista a un puñado de libros de la estantería que hay a su izquierda. Me da la impresión que mi ironía lo ha puesto sobre aviso y ahora estoy como más fichado que antes. Aun así, no tarda en darme un apretón de manos y recomendarme que no juegue con fuego. La verdad, no entiendo nada.

Cuando se marcha me esfuerzo en hacer un análisis de la situación. La muerte de Ricard parece que haya desatado una serie de acontecimientos que relacionan con un único personaje a gente muy próxima. Me pregunto qué puedo hacer para comprobar que todo encaja y se me ocurre que el primer paso es confirmar la autoría de la nota. Sé por anteriores investigaciones que el legado de Domènech i Montaner está guardado en la biblioteca del Colegio de Arquitectos y me digo que ésa va a ser la tarea preferente de mañana: saber si la letra de las cuartillas se corresponde con la del antepasado de Bea. Quizá cuando tenga por cierta mi sospecha pueda llamar a mi amiga y obligarla a poner la verdad sobre la mesa.

De momento, saco las notas de D. M. de la carpeta y, en un rapto de desconfianza, las guardo en los estantes más altos, dentro de un libro de Henry Pirenne. Paso una noche extraña, buscando en internet a los actores que se adivinan en esta historia. Quiero saber más cosas de Domènech i Montaner, sobre todo de su pasión viajera, pero obtengo escasos frutos. Las webs dan información sobre su trabajo como difusor del modernismo desde la cátedra de la Escuela Superior de Arquitectura de Barcelona o relaciones de las obras que llevó a cabo, entre las que se encuentran el Palau de la Música Catalana, el Hospital de Sant Pau, ambos en Barcelona, o el Institut Pere Mata de Reus.

De todas esas referencias veo una que me gusta. Tomo nota por si llega a serme útil en algún momento. Se trata del análisis de la evolución arquitectónica de Gaudí y la del propio Domènech i Montaner; en él se cuenta cómo este último evoluciona hacia la ligereza de formas, al contrario que el creador de la Sagrada Familia, quien tiende cada vez más hacia la pesadez.

Después de cruzar la plaza de Catalunya sin novedad, comprendo enseguida por qué en Barcelona a uno le cuesta tanto mantenerse firme en sus propósitos. En las Ramblas hay nuevas figuras humanas, algunas muy conseguidas. Turistas y nativos hacen corro a su alrededor para satisfacer su ración diaria de perplejidad y magia.

No me importa haber tenido que ceder a la tentación. Como un paseante más, observo los personajes que han acabado convirtiéndose en otra pieza del mobiliario urbano de la ciudad. Algunos turistas se acercan a ellos para poder llevarse una fotografía de recuerdo, otros solamente los miran con rostros embobados y escépticos a la vez. De repente me acuerdo de mis objetivos y rompo las ataduras de la curiosidad, dejo atrás ese bullicio y me adentro en otro, el comercial, que domina sin reservas la calle Portaferrissa.

Puesto que mi interés por el comercio no va más allá del siglo XV, no tardo en encontrarme ante las puertas del Colegio de Arquitectos. La exposición de aquellos días estaba dedicada a Domènech i Montaner y el descubrimiento del Románico; como si se tratara de un detalle añadido que corroborase mi hipótesis. Sabía de la participación de algunos miembros destacados del Modernismo en la recuperación del arte medieval catalán. El mismo Domènech i Montaner escribió un libro que se sigue consultando, *L'arquitectura romànica a Catalunya*, pero no había tenido ocasión de acceder a las fotografías y notas de campo que, siguiendo el espíritu de la época, había tomado en el transcurso de sus viajes por el país.

De hecho, según apuntan Manuel Castiñeiras y Gemma Ylla-Català en el artículo que posteriormente he podido leer, Domènech se adelantó con sus investigaciones al que hasta ahora ha sido considerado como el descubrimiento oficial del románico, la *Missió arqueològica i jurídica a la ratlla d'Aragó*, realizada en 1907 por J. Puig i Cadafalch y Josep Gudiol i Cunill.

De la exposición debo decir que todo el aparato crítico y bibliográfico no me ha llamado demasiado la atención. Quizá porque, como ya he dicho, mis conocimientos sobre Domènech i Montaner no son lo bastante amplios para que me atraiga. Pero me han fascinado los procedimientos, cómo la arquitectura decide leer las ruinas de un tiempo para encontrar en ellas una identidad nacional y, sobre todo, cómo utilizaba las herramientas que tenía a su alcance: los cuadernos, las fotografías, cierta pericia para el dibujo.

Cuando comprendo que ya he captado todo lo que puede ofrecerme la exposición, cruzo la calle y entro en la biblioteca del Colegio de Arquitectos. Me atiende una chica esbelta, con esa amabilidad distante propia de los funcionarios. Puesto que quiero ir paso a paso, no empiezo preguntando por el legado y me limito a pedir los libros de Domènech i Montaner disponibles. La pantalla del ordenador me devuelve rápidamente la respuesta.

Ya conozco dos de los tres libros que me ofrece, pero le pido una pequeña monografía sobre Poblet que no he consultado nunca. El otro, el que desconozco, es un extenso estudio de más de cuatrocientas páginas en el que Domènech lleva a cabo un importante trabajo de análisis sobre la historia y el arte de dicho monasterio a través de los tiempos. Con los dos libros en las manos, y después de pagar una tasa por no ser socio del Colegio, me dirijo otra vez a la chica para interesarme por el legado. La chica no parece digerir bien mi insistencia. No sabe si puedo consultarlo y me comenta que lo preguntará mientras yo me dedico a los volúmenes que me ha entregado.

Bueno, llamar volumen al pequeño tratado sobre Poblet es un eufemismo. Son poco más de cuarenta páginas, con un texto muy breve, traducido, eso sí, a unos cuantos idiomas. Lo más interesante son las fotografías que lo ilustran, con esa pátina de las que pronto cumplirán cien años. Impactantes, por la realidad que rezuman. Pronto reconozco en ellas el desastre que tuvo lugar en el siglo XIX, del cual he captado buenos ejemplos en la exposición, pero me seduce especialmente una imagen que muestra el lamentable estado del cimborrio, el claustro y las ruinas de la enfermería.

Cuando me he cansado de comprobar la influencia del tiempo y, sobre todo, de nuestros antepasados, sobre el arte románico catalán, me doy cuenta de la importantísima labor del autor en la recuperación de ese período de la arquitectura. El tratado, quizá la mejor manera de definirlo, es muy interesante, con estudios muy completos sobre las costumbres o las vicisitudes de la construcción de Poblet a lo largo de la historia.

Cautivado aún por este trabajo tan olvidado de Domènech i Montaner, pongo fin a la consulta. Estoy ansioso por saber cuál es la respuesta a mi petición y me dirijo hacia la bibliotecaria con mi mejor sonrisa. Ella ya ha hecho señales hacia el interior de las oficinas y una mujer mayor me recibe con una sonrisa no menos notable que la mía. Me pongo en guardia al instante, y no sin razón.

—Pero usted ¿qué quiere consultar exactamente? —me pregunta, como si quisiera hacerme ver las dificultades que comportan mis intenciones.

—Estoy estudiando la evolución de Poblet durante la Edad Media —miento para ganar unos segundos mientras pongo ante sus ojos mi acreditación impoluta de investigador universitario.

—Entonces tendrá que hacer una propuesta y yo revisaré el legado por si le puede servir de algo consultarlo. Podría venir otro día.

—Las clases me dan pocas oportunidades para la investigación, ya sabe cómo funciona eso, ¿verdad? —no le guiño el ojo por si se lo toma a mal, pero mi intento de empatía profesional parece conseguir el efecto deseado.

—Podría hacer una excepción —dice mientras me conduce hasta un extremo del mostrador, lejos de la bibliotecaria.

—Se lo agradecería mucho.

Sin pedirme que la siga, sale y se dirige hacia otra sala. No me lo pienso dos veces. Subo la escalera detrás del decoroso corte de su falda. Enseguida llegamos a una amplia estancia llena de legajos y carpetas de documentos. Calculo el tiempo que me queda hasta la hora del cierre, un par de horas escasas, no mucho si al final esta mujer decide que puedo meter las narices en los documentos.

Al ver el material que guardan en la sala, mi ansiedad de rata de biblioteca se dispara. A pesar de la agilidad de la archivera para recorrer los pasillos formados por las estanterías, intento olisquear cada volumen, a menudo sin éxito dada la gran cantidad de carpetas sin etiqueta identificativa. No tardamos en situarnos ante el objetivo de la investigación.

—Es poco habitual que los usuarios lleguen hasta aquí —dice con poco énfasis.

—Tendrá que disculparme... Pensaba... Bueno, puede decirse que la he seguido atraído por la curiosidad.

—¿De verdad?

Me quedo muy quieto, como si me acabaran de pillar en una falta irreparable. Nunca se me han dado bien las mujeres y me pregunto si le gusta coquetear, como me ha parecido, o si, sencillamente, se ha visto un poco sobrepasada. La siguiente escena me confirma la primera hipótesis.

La archivera apoya su mano sobre mi espalda y me pide que le acerque una carpeta muy gruesa que hay en el tercer estante contando desde arriba, una altura a la que llega sin problema. Cuando me dispongo a atender a su requerimiento, cambia de opinión y se me pone delante; con el esfuerzo su culo se proyecta hacia atrás.

—Perdón —dice, y se da la vuelta y quedamos frente a frente; sólo la carpeta, que ha colocado a la altura de su vientre, nos separa, poca distancia para unos pechos abundantes—, tengo que acostumbrarme a hacer las cosas por mí misma.

—¡Claro! —respondo bastante cohibido.

—Creo que esta carpeta contiene los apuntes de Domènech i Montaner sobre Poblet. Parece ser que hay un renovado interés por el arquitecto. Usted no es el único que ha pedido consultar el legado. ¿Quiere revisarlo en la sala o prefiere hacerlo aquí, con tranquilidad?

—Lo haré aquí mismo, gracias.

Se me ocurre preguntarle por los rasgos físicos de los otros interesados, pero temo perder mi condición inicial de investigador inocente. Al final me decido; quizá no vuelva a tener más oportunidades.

—¿Quiere decir que alguien se ha adelantado a mis estudios? No es la mejor noticia que podría darme.

—Imagino que ya cuenta con ello, ¿no? —responde con cierto desinterés—. No creo que Domènech i Montaner sea un autor poco estudiado.

—Es cierto, pero siempre hay aspectos nuevos, y si no es así hay que descubrirlos —añado tratando de introducir la vena romántica de la investigación.

Estamos el uno frente al otro, pero las posibilidades de comunicación se agotan. Ella parece preguntarme sin palabras: ¿Pero qué quiere, exactamente?

—Si me lo describe —aventuro—, podría hacerme una idea de quién anda pisándome los talones.

—Más que pisarle los talones, yo diría que se le han adelantado —dice, maliciosa.

—*Touché!* —creo que no sé cómo salir de ésta.

—Pasó por aquí hace unos días, no me pregunte cuántos. Y su solicitud me ha refrescado la memoria. Era un hombre no muy alto pero de complexión fuerte. Se interesó por el legado y también me siguió escalera arriba. Quizá fuera de su misma escuela —ironiza la archivera—. Podría haber sido usted mismo si no fuera porque iba muy bien vestido.

No le recojo el guante, pero pienso que Ricard y yo éramos bastante parecidos. Me extrañaría que no hubiese leído la noticia de su muerte en el periódico, si no fuera porque tiene aspecto de pasarse el día entre carpetas y legajos de otro tiempo. Por otro lado, reconozco esa agresividad que insinúa; mi compañero de carrera era decidido y un poco pesado cuando se le metía algo en la cabeza.

—¿Estuvo mucho tiempo en el archivo? —sigo preguntando.

—Mire, esto cada vez se parece más a uno de esos diálogos de novela negra en el que el detective le acaba ofreciendo unos dólares al encargado del hotel. Pero usted no me ha ofrecido nada, ni espero que lo haga si no quiere que avise a Seguridad.

Lo cierto es que tiene razón, pienso, y le cojo la carpeta de las manos sin ir más allá. Me siento en la silla más cercana y la dejo sin margen de maniobra. Se queda unos segundos mirándome, pero enseguida dice que tiene cosas que hacer y desaparece por los pasillos.

Confuso por el episodio, dudando de si, como diría mi jefe de departamento el profesor Badia, he perdido una buena oportunidad de potenciar mi autoestima, me entrego al contenido de la carpeta, páginas y páginas manuscritas que, intuyo, forman parte de la preparación del volumen sobre Poblet que he tenido en las manos hace un rato. El principal objetivo de mi investigación se ha cumplido con éxito. Antes de sacar la fotocopia que he hecho en casa ya sé que la letra inglesa y minúscula de estas notas es idéntica a la del documento que guardaba Ricard.

También encuentro un montón de hojas escritas a máquina y muchos esquemas y dibujos de las láminas que acompañaban el texto. Estoy satisfecho, y no me estimula demasiado continuar. Reúno todos los papeles, los ordeno de la mejor manera posible. Mientras, me pregunto si Ricard encontró los papeles de Domènech i Montaner dentro de esas carpetas o en cualquier otro sitio. Porque ya no tengo ninguna duda de que es él quien va por delante de mí. Y no deja de ser una extraña sensación caer en la cuenta que tu competidor hace días que está muerto.

Sin embargo, hay algo que falla. Cuando ya los tengo más o menos amontonados uno de ellos sobresale visiblemente. Levanto los de encima y lo observo. Se trata de una fotografía más bien pequeña a la que no había prestado atención en mi revisión apresurada. En ella, Domènech i Montaner pone un libro en las manos de un monje. Éste viste una sotana larga y un sombrero como el que utilizaba el poeta Jacint Verdaguer. Ambos tienen cara de satisfacción.

El instinto me hace mirar alrededor. Oigo ruidos a cinco o seis pasillos más allá y mi descubrimiento no parece amenazado, pero me inquieta la incomprensible desaparición de la archivera, que me ha dejado como señor de sus dominios.

Me comporto como si estuviera a punto de cometer un acto reprobable, como si esa fotografía fuese un documento de gran valor. Quizá sea cierto y haya algo digno de mi consideración, una presencia hasta ahora lejana que cobra nueva vida a la luz de esta imagen.

Los pasos de la archivera cada vez más cerca me hacen reaccionar de forma inesperada. La fotografía acaba dentro de mi carpeta con un movimiento súbito y preciso. No puedo creer lo que he hecho, pero esbozo mi mejor sonrisa y la dirijo sin pudor hacia la mujer de la falda decorosa. Pero ella ha dejado los juegos para otro rato, dolida quizá por mi falta de sensibilidad a la hora de interpretar sus deseos.

—¿Ha encontrado algo que le sirva?

—Pues la verdad es que no —miento, aunque no sé si mis ojos me están delatando—. Conociendo su tratado sobre Poblet, esto no es más que el cañamazo con que lo construyó.

—El cañamazo... —dice, paladeando la palabra.

—Sí, quiero decir la base, el fondo.

—Ya sé qué significa cañamazo. Soy filóloga, además de archivera, claro —siento que se está enfadando por momentos y decido acabar antes de estropearlo aún más.

Apenas la miro mientras recojo mis cosas y con paso firme me dirijo hacia el exterior de la sala. No me doy la vuelta, pero sé que se ha quedado con la carpeta de Domènech i Montaner en las manos, y con la duda de si llamar a Seguridad o dejarlo correr.

Ya en la calle, me quema el portafolios que contiene el fruto de mi robo. ¿Qué hay en la fotografía de Domènech que me ha hecho arriesgarme tanto? Antes de poder pensar más en ello, suena el móvil y el profesor Badia me propone una cita para el día siguiente.

Quiere que le entregue lo que me encargó. No lo tengo preparado, pero me digo a mí mismo que aquél podría ser un encuentro útil y acepto que nos veamos en L'Embruix para un aperitivo, un bar que aprovecha la condición de zona peatonal del principio de la calle Enrique Granados para colocar una generosa terraza.

IV

Todo parece indicar que aquella primera noche del maestro Aloi en Poblet fue una noche de perros. Después de vísperas, los hombres que habían pasado la jornada de trabajo en los campos vecinos se retiraron al dormitorio de conversos. Allí formaron pequeños corros donde comentaron la huida de los trabajadores y comerciantes instalados alrededor del monasterio. Aloi percibió miedo en sus palabras, un miedo que lo había estado acompañando desde que había salido de Gerona meses atrás. La rata, en cuanto oyó el barullo, abandonó las migas que seguían en el suelo y desapareció entre los jergones que ocupaban la estancia. Un joven monje se dirigió al maestro, visiblemente molesto.

—¿Y tú quién eres? ¿Por qué no has venido a trabajar hoy? ¿Dónde está tu azada?

—No necesito ninguna azada —respondió Aloi, que enseguida comprobó que los otros ocupantes del dormitorio llevaban herramientas de campo diversas en las manos.

—¡Deberás medir tus palabras si no quieres que la Santa Iglesia deje de protegerte!

—Quizá seas tú quien deba medirlas, joven clérigo. ¡Estás hablando con Aloi de Montbrai, maestro de obras del rey!

El chico, visiblemente sorprendido, frenó el ataque y, con el semblante alterado, se giró hacia los demás hombres. Aloi pensó que era un error darle tanta responsabilidad a un chico tan joven, pero también era cierto que el momento no permitía prescindir de su energía. Por otro lado, nadie entre los presentes parecía tener la más mínima intención de oponerse a las órdenes de aquel monje. Nada más instalarse todos en sus camas, éste apagó personalmente las tres antorchas que iluminaban el recinto, dejando solamente encendida una pequeña vela.

El maestro Aloi de Montbrai había decidido consultar con Morfeo si quejarse o no del joven monje al padre Serafí, pero la presencia del joven a su lado lo sorprendió. ¿El escultor había ocupado sin saberlo el espacio del guardián? Pronto descubrió que no era así.

—Os ruego que me disculpéis, maestro Aloi —dijo, sin que el recién llegado moviera un solo músculo para mostrar que estaba escuchando—. Ya me habían dado noticia de vuestra llegada pero, la verdad, con el revuelo que hay en el monasterio lo había olvidado por completo. Soy el padre Esteve.

Aloi pensó que no era una buena idea perder un posible aliado y confidente, menos aún si le manifestaba un respeto tan poco habitual desde que había llegado al monasterio. Se volvió de lado y sus ojos cansados de tantos días de viaje se encontraron de frente con los del joven monje. No tendría más de dieciséis años pero sus párpados, un poco caídos, formaban bolsas rojizas en la parte inferior.

—Tranquilo, chico —no pensaba darle ningún tratamiento a aquel joven—, comprendo que son tiempos difíciles…

Antes de que pudiera iniciar la conversación que esperaba, el padre Esteve se quedó dormido. La jornada en el campo no era fácil para nadie, pero el escultor pensó que el control de los hermanos legos, de procedencias y temperamentos diferentes, tampoco debía de ser fácil para un chaval con poca experiencia. Sería mejor dejar pasar aquella noche sin luna y ver las cosas a la luz del nuevo día. Se cubrió el rostro con la manta que lo acompañaba desde hacía años. Quizá no consiguiera quitarse de encima el frío, pero al menos consiguió atenuar un poco el hedor a trabajo y malas digestiones que había ido invadiendo la estancia.

Si confiaba en que el nuevo día aclarase un poco las cosas, pronto se percató de que no iba a ser así. Unos gritos procedentes de la iglesia lo despertaron. Eran los lamentos de un ser desesperado, y su facilidad para ascender en la escala de los agudos le hizo pensar que se trataba de una mujer. Ya no quedaba nadie en el dormitorio y, sorprendido por no haberse despertado con el barullo de los hermanos legos al salir al trabajo, hizo lo imposible para adaptar su cuerpo a las circunstancias, que no parecían muy buenas.

Hizo un par de ejercicios que le había recomendado un abad francés y, una vez desentumecido, salió del recinto hacia la puerta principal de la iglesia. Podría haberse dirigido allí cruzando el claustro, pero no se trataba de tomarse tantas libertades hasta que consiguiera comprender el alcance del nerviosismo colectivo que afectaba a todo el mundo. Los gritos se oyeron varias veces y ni siquiera los monjes más ancianos habían podido resistir la curiosidad.

Cuando entró, la mitad del cenobio estaba en la nave principal de la iglesia. Por la expresión de sus rostros, Aloi supo que no eran buenas noticias. La mujer de la que provenían los gritos yacía en el suelo y pretendía, ante el escándalo de los religiosos allí presentes, mostrarles las bubas que albergaba bajo las axilas.

—No hace falta, hija mía. Nos hacemos cargo —intentaba convencerla el padre Serafí quien, por lo que Aloi entendía, en ausencia del abad Copons se había ofrecido como gestor de la crisis.

—Ten en cuenta que en este recinto tu desnudez ofende a Nuestro Señor —le explicaba otro monje de nariz aguileña y una calvicie que mostraba un buen puñado de ideas sin dirección.

—No veis que el dolor le impide razonar —intervino Aloi, que había tenido ocasión de contemplar escenas parecidas en la Provenza y sospechaba qué era lo que la hacía gritar—. Esta mujer necesita cuidados y una cama. Alguien debería calentar agua y lavarle las heridas.

Al oír la palabra «heridas», la enferma volvió a gritar con fuerza mientras se rasgaba aún más la ropa. Los monjes viejos intentaron alejar a los más jóvenes de esa visión tan impropia en el recinto sagrado de la iglesia de Poblet. El padre Serafí se llevó a Aloi a un rincón de la nave y le habló en tono confidencial.

—Ahora que el médico nos ha abandonado, sólo vos podéis ayudarnos, maestro Aloi —dijo en voz tan baja que el escultor tuvo dudas de lo que le proponían; no le pareció nada bien que el médico hubiera huido tras el alboroto del día anterior—. Todas las mujeres que hay fuera del recinto se han ido y la única persona con autoridad para echarle un vistazo a la enferma en nombre del conocimiento sois vos.

—¡El conocimiento! ¿Qué conocimiento? —respondió Aloi francamente alterado.

—¡El conocimiento! ¡Da igual cuál! ¿Acaso no son todos regalos de Dios? Vos, maestro Aloi, sois de las pocas personas que han visto cosas parecidas en sus viajes.

—Y vos, padre Serafí, ¿no habéis visto ninguna? Hace tiempo que la plaga se apodera de la cristiandad mientras la Iglesia y los reyes siguen empecinados en construir catedrales y hacer la guerra, y no necesariamente en este orden.

El padre Serafí se echó atrás visiblemente escandalizado. Aloi se dio cuenta de que no podía seguir por ese camino si quería esperar la llegada del rey Pere sin conflictos, por mucha amistad que lo uniera al monje.

—Arriesgáis mucho, amigo mío —dijo el padre Serafí, dejando a Aloi en el rincón y volviendo al centro de la nave.

La mujer se había colocado en posición fetal y no dejaba que nadie se le acercara. Era joven, pero la piel curtida y la suciedad acumulada en manos y cabellos indicaban que se trataba de una mujer de campo, quizá de alguna de las granjas vecinas. Aloi, arrodillado, bajo la atenta mirada del padre Serafí, intentó desempeñar el papel que le había pedido el monje.

—Tranquilízate, por favor —dijo, aun siendo consciente de que pedía un imposible—. Probablemente vienes de muy lejos y las ropas te han causado alguna herida. Si me lo permites, yo podría examinarte.

—¿Quién sois vos? ¿Sois médico? No quiero morir por la pestilencia —dijo esta última frase con nuevos gritos; se había acurrucado tanto que su voz quedaba amortiguada.

—No soy médico, pero he visto a mucha gente enferma en el transcurso de mis viajes y quizá pueda decirte si te equivocas.

La mujer lo miró con espanto. Aquella posibilidad la asustaba: saber si las heridas que la inquietaban eran debidas al mal que asolaba el Reino podía echar a perder toda esperanza. Tenía el rostro inundado de lágrimas y no se resistió a las manos de Aloi, que la levantó del suelo mientras dirigía una mirada significativa al padre Serafí.

—Abrid paso —ordenó el monje, consiguiendo únicamente que los allí presentes dejaran un tímido pasillo que el miedo al contagio fue haciendo más grande.

—Vamos a necesitar un lugar cómodo y agua caliente, y ropa

limpia... —Aloi fue dando órdenes mientras el padre Serafí, que los seguía a una distancia prudencial, las iba transmitiendo.

Después de una discusión entre los religiosos que Aloi no pudo atender, cada vez más ahogado por el hedor que emanaba del cuerpo de la mujer, decidieron conducirla a la celda del padre Serafí. Aloi le habría dicho que no era aquél el lugar más adecuado, que, si la pestilencia se había apoderado de ella, más valía no poner en peligro la única autoridad visible que parecía haber en el monasterio. Pero el monje lo conminó a hacer su trabajo sin pararse a expresar ninguna clase de duda.

Aloi llevaba a la mujer casi a peso, encogida y quejumbrosa, pero ya se ha dicho que sus convicciones le impedían sentir miedo. Ayudado en todo momento por el padre Serafí, la dejó sobre el colchón de paja y, bajo la atenta mirada del fraile de nariz aguileña, comenzó a examinarla. Los demás miembros de la comunidad esperaban en el exterior, repartidos entre el claustro y la sala de reunión, ajenos totalmente a sus tareas diarias.

—Creía que ya se habían visto otros casos en el monasterio —insinuó Aloi mientras despegaba literalmente la ropa del cuerpo de la enferma—. ¿Cómo es posible que los fugitivos estuviesen tan preocupados?

—Es cierto que han muerto algunas personas en el transcurso de los últimos días —respondió el padre Serafí—, pero todas de puertas adentro. Ninguno de los truhanes que viven en los alrededores del monasterio ha caído enfermo. Por eso pensamos que la desbandada general que se ha originado no tiene ningún sentido. Alguien tiene que haberlos puesto sobre aviso. Suponíamos que la enfermedad había entrado en el monasterio con unos soldados que vinieron de Zaragoza para preparar la visita del rey. Pero esta mujer viene de cerca, de alguna de las granjas vecinas, sin duda. Si la plaga se ha extendido también por nuestros alrededores, puede que no haya salvación.

Las palabras del monje inquietaron al maestro Aloi. Aquella zona del reino estaba demasiado despoblada para que una mujer en su estado hiciera un largo camino. Si venía de alguna granja de los alrededores, ésta no podía estar muy lejos. Eso quería decir Riudabella, Castellfollit o Cèrvoles, pero también Milmanda, donde su familia se había quedado a la espera, teóricamente a resguardo de todo mal. A pesar de haber pasado por experiencias semejantes, la inspección de las heridas lo asustó.

—Sólo nos queda encomendarnos a Dios —dijo Aloi, señalando las pústulas de la mujer, con una ironía demasiado evidente para sus pretensiones de mostrarse piadoso.

—Dios siempre está con nosotros, maestro Aloi.

—Puede que sí —respondió el escultor—, pero esta mujer tiene el mal y por lo que yo sé, diría que en un estado muy avanzado.

No había necesitado llevarse al padre Serafí lejos de la atención de la enferma. La mujer, que tenía unas bubas más grandes que un huevo de gallina en las axilas y, por lo que pudo observar Aloi levantándole un poco la falda, también en sus partes más íntimas, se había desmayado. El padre de nariz aguileña no pudo soportar la visión, o el hedor, o ambas cosas, y salió de la celda. Los monjes que esperaban fuera le cayeron encima, presos por la curiosidad y con expresión de terror en sus caras.

—No tiene salvación —les dijo quien, según pudo saber Aloi más tarde, era el monje llamado a suceder al abad Copons si las cosas se torcían.

En cuanto les fueron confirmadas sus sospechas, desparecieron todos de la escena y el futuro abad pudo marcharse a su celda. El padre Serafí y Aloi de Montbrai se quedaron solos.

—¿Tenéis miedo de lo que pueda suceder, maestro Aloi?

—Tengo miedo, sí, sobre todo por lo que pueda sucederle a mi familia —respondió Aloi, mientras cubría el cuerpo de la infectada hasta el cuello, con una manta que sin duda el monje utilizaba—. Ya sabéis que han quedado en Milmanda.

—Sé que ayer os dije lo contrario, y lo hice de todo corazón. Pero ahora que tampoco el exterior es seguro, os recomendaría que los trajerais al monasterio. Al menos, estarán a vuestro lado. No es ninguna orden, por supuesto, entiendo que todos esos años sin vernos os han alejado aún más de Dios, y no creéis en su poder de salvación.

—He visto demasiadas cosas, padre. Hace ya algún tiempo que esta pestilencia viaja de un lugar a otro sin que Dios haya hecho nada para remediarlo. He pasado por pueblos abandonados a causa de la enfermedad, con obras que se han tenido que parar porque no había manos suficientes. Yo he tenido suerte hasta ahora, y también mi familia, pero desde mi llegada al monasterio hay ciertas cosas que me inquietan, cosas que me gustaría compartir con vos...

—Dios nunca ve con malos ojos el deseo de hacer el bien —replicó el monje—; podéis preguntarme lo que queráis. Si está en mis manos, tendréis las respuestas.

—Gracias, padre Serafí. La verdad es que no soy un hombre que se meta donde no lo llaman, pero no entiendo qué pasa. ¿Dónde está el abad Copons? ¿Está realmente enfermo o, debéis perdonarme, se esconde para protegerse?

—El abad Copons está enfermo, diría que muy enfermo, y estamos haciendo todo lo que sabemos por él —dijo el monje con gravedad mientras calibraba las dudas de Aloi—. Buena parte de los monjes pasan el día rezando a Dios por su salvación.

—Por lo que yo sé, padre, es muy difícil escapar a la pestilencia. ¿Qué han dicho los médicos? —preguntó Aloi, recordando que ya no quedaba ningún médico en el monasterio.

—El médico era un ciudadano de Olot que ha huido al primer signo de la enfermedad. Habrá decidido que prefiere estar con los suyos. No lo sé. Creo que tampoco tenía demasiados conocimientos para poder ayudarnos.

—Pero rezar, y perdonadme, no es suficiente —afirmó el escultor, aunque temía que el padre Serafí se lo tomara a mal—. Hay ciudades que han puesto en marcha otros remedios, que han hecho limpieza de calles y plazas, que queman a los enfermos...

—No soy partidario de las cremaciones, maestro Aloi. Un monje de Poblet tiene que ser enterrado en sagrado y no esparcir su alma a los cuatro vientos convertida en ceniza que cualquiera pueda pisar.

El escultor comprendió que nada de lo que dijera podría cambiar las ideas del padre Serafí. Habría preguntado por qué no se le dejaba ver al padre Copons y en cambio se le llamaba para ayudar a una visitante desconocida, pero ¿quién era él para cuestionar las decisiones de la Iglesia?

Cuando parecía que la conversación entre ellos había terminado y que cada uno volvería a sus asuntos, el monje que Aloi había visto el día anterior con el padre Serafí intentando convencer a los fugitivos pidió permiso para entrar en la celda.

—Pasad, padre Rius ¿Hay alguna novedad? —preguntó mientras se le marcaban en el rostro surcos de cansancio y preocupación.

—Perdonad, padre Serafí, pero ha llegado un mensajero. Si queréis recibirlo, está aquí, en el claustro.

—Salgo enseguida. ¿Me acompañáis, maestro Aloi? —dijo el monje para sorpresa del escultor, que ya se disponía a marchar.

—No sé si me incumbe…

—¿Por qué no? ¿No deseáis saber? ¿No queréis participar de la escultura que Dios hace con este monasterio?

Aloi no supo qué contestar. Cierto era que le gustaba conocer las cosas de primera mano y que hacía mucho tiempo que no tenía aquella sensación de desasosiego que ahora lo inquietaba, pero tampoco era el tipo de persona capaz de tomar las decisiones que el padre Serafí seguramente necesitaba.

—Tranquilizaos, maestro Aloi. Vuestra compañía, debo decirlo, me ayuda a afrontar los problemas.

—¿De veras? ¡Gracias! Es un honor, padre.

Aquel momento de sinceridad no duró mucho. Juntos salieron al claustro, donde esperaba el emisario. El lugar transmitía una sensación de paz que Aloi percibió con extrañeza. Sólo el sonido del agua que caía sin pausa en el lavamanos de los monjes rompía el silencio que, tal como estaban las cosas, podía significar todo menos el transcurso pacífico del día.

El emisario era un hombre regordete que estaba sentado muy cerca de la fuente. Enseguida vieron que se trataba de un mensajero real, por sus ropas y por las armas que descansaban en el suelo. Aloi pensó que todo aquello era demasiado voluminoso para ir arrastrándolo por los caminos durante largas jornadas de viaje, aunque fuera a caballo.

—¡Alabado sea Dios! —dijo, nada más percatarse de nuestra presencia.

—Y que esté contigo, viajero. ¿Qué nuevas nos traes? Porque vienes en nombre del rey, si no me engaño.

—No os engañáis en nada, padre. El rey me ha ordenado que me adelante a la comitiva para que podáis preparar sus estancias —dijo el emisario con gran respeto.

—¿Cuándo será su llegada? —intervino Aloi, jugando el papel que el padre Serafí le acababa de otorgar.

—Si todo va bien, mañana por la tarde —replicó el hombre al escultor, pero mirando a los monjes, como si les preguntara por qué un seglar hablaba en nombre de la Iglesia.

El padre Serafí no quiso saber más. A Aloi le extrañó que no preguntase cuántos eran, ni quién integraba la comitiva, pero supuso que no era aquélla la mayor preocupación del monje. Mientras conducían al emisario a refrescarse y a comer algo, la mirada de su antiguo amigo le transmitió todas las dudas de las que no habría querido ser partícipe. Pero al padre no se lo veía muy dispuesto a callarse nada…

—Quizá penséis, maestro Aloi, que en estas condiciones no deberíamos recibir al rey —dijo el padre Serafí—, pero a ver si se os ocurre alguna otra idea. No podemos negarle hospitalidad y tampoco sabemos si iba a estar mejor en otro sitio. Quiero decir que no puedo arriesgarme a mandarlo a una granja donde desconozco qué está pasando.

—Si la enfermedad nos acecha, poco importa dónde nos ubiquemos. Indudablemente, el rey y sus acompañantes estarán mejor en Poblet que en una de esas granjas —dijo Aloi al tiempo que se daba cuenta de que ese mismo razonamiento era válido para su familia.

—Gracias, maestro Aloi. Haríais bien el papel de hombre religioso. Sólo tendríais que sustituir la palabra «enfermedad» por «diablo», porque es él quien nos acecha, y quien nos envía la pestilencia.

—Lo más importante son los efectos que provoca —respondió Aloi—, y la enfermedad nos mata igualmente sea cual sea su origen.

—Sí, sin duda sois un hombre sabio —dijo el monje—; es una suerte teneros cerca.

—De eso quería hablaros, padre —se aventuró Aloi, preocupado por todo lo que iba descubriendo—: si podéis prescindir de mí un par de días, me gustaría ir a Milmanda y traer a mi familia al monasterio.

El padre Serafí dejó ver de nuevo aquellos surcos en la frente que tanto delataban su estado de ánimo; debía sopesar si era una buena idea dejar marchar al escultor. Pero sin duda le resultaba satisfactorio que Aloi considerase el monasterio como un lugar seguro y finalmente le dio su bendición.

—Quiero que estéis de vuelta mañana por la noche —las palabras del padre Serafí sonaron más como un ruego que como una exigencia.

Sin atender demasiado al protocolo, Aloi de Montbrai se despidió del monje antes de que éste cambiase de parecer y se fue directamente al dormitorio de conversos, tan cerca de la puerta de entrada del monasterio, tan cerca de su libertad, pensó. Nada más salir a campo abierto se preguntó si abandonar el monasterio ante la inminente llegada del rey era una buena idea.

Pero, como más tarde consignaría en su cuaderno, ningún pensamiento le provocaba una impresión más fuerte que la imagen de su mujer y su hijo diciéndole adiós a las puertas de Milmanda. Aceleró el paso sin mirar atrás.

V

Me paso la noche dando vueltas y más vueltas al manuscrito de Domènech i Montaner, y voy mirando la fotografía que aún no sé cómo interpretar. Consulto todos los libros sobre la época que tengo a mano, que no son pocos teniendo en cuenta mi costumbre de acumularlos, sin que en ninguna parte se hable de otra versión para la muerte de la reina Leonor que no sea la de la entonces temible Peste Negra. Hacia las diez y media de la mañana me despierto sudado. Estoy en la butaca que utilizo para leer, rodeado de volúmenes que llenan la pequeña mesa auxiliar o se amontonan en el suelo.

Mientras hago memoria de mi noche de investigación, me preparo un té bien cargado. La muerte de la segunda esposa del rey Pere empieza a obsesionarme. La última vez que me sucedió algo parecido estuve una semana sin dormir, y todo para llegar a la conclusión que el rey citado en una crónica secundaria era una errata del copista o una broma de mal gusto. Siempre me sorprende la credulidad popular cuando se trata de juzgar los textos de los historiadores, pues muy a menudo no tenemos las ideas claras, y mucho menos las fechas.

Bebo el té a pequeños sorbos, deleitándome con su sabor afrutado, y repaso la situación. El hecho de que Leonor de Portugal muriera o no a causa de la Peste Negra tiene poca importancia en un mundo como el nuestro, más preocupado por el cambio climático o por la proliferación de armas nucleares. Pero desde el punto de vista de la Historia, la presión de los comerciantes de Barcelona y, sobre todo, de la Iglesia, podría añadir nuevas luces sobre la distribución del poder en la Baja Edad Media. En cualquier caso, se trataría de un punto de partida distinto en una materia donde no es fácil encontrarlos.

Las notas de Domènech i Montaner nos ponen también sobre la pista de un texto que ningún historiador tiene en cuenta, ese supuesto diario de Aloi de Montbrai, maestro de obras en Poblet durante una de sus épocas más intensas. Es la única conclusión posible, incluso sin leer entre líneas: existe una crónica de la construcción de los Panteones Reales que se ha perdido, y sin duda sería un buen complemento a la ya conocida del rey Pere III en la que, al fin y al cabo, se da bien poca información sobre aquel año de 1348 o sobre la peste. De este tema, según ha estudiado Stefano Maria Cingolani, se habla como si se tratase de un «accidente que impulsa aún más la movilidad del rey, pero que está lejos de ser considerado dramático o un castigo divino». Si la causa de la pérdida ha sido el paso del tiempo, que a menudo nos esconde lo más evidente, o alguna acción humana, ahora mismo es un misterio.

¿Y qué le puede gustar más a un investigador que un misterio?, me digo, mientras miro la fotografía de Domènech i Montaner y el monje sin ser capaz de ver nada en ella. No sabría explicar la relación que me lleva a recordar aquella incomprensible pintada en la pared, justo encima de donde encontraron muerto a Ricard. Quizá se trata de la presencia del religioso, de esa sensación lejana de que todo lo que está pasando tiene alguna conexión con aspectos que se me escapan.

Sé que hay que considerar todas las posibilidades. Y una de ellas pasa por mis limitaciones. No tengo ninguna duda sobre la efectividad de mi biblioteca, ni de las fichas que reuní a lo largo de mis años de carrera, pero he de ser consciente que aún soy joven, que pueden escapárseme autores y fuentes capaces de dar otra perspectiva sobre el asunto. A disgusto, tragándome el rechazo personal que me provoca tener que contar con él, decido que el profesor Jaume Badia puede ser de gran ayuda. He dejado dicho anteriormente que, además de especialista en alumnas atrevidas, mi jefe de departamento es uno de los estudiosos más sorprendentes y fiables que he conocido nunca. Si quiero descubrir cómo es de real esta crónica que, según parece, Domènech i Montaner siguió para cambiar las razones históricas de la muerte de la reina Leonor, no tengo otro camino.

Por otro lado, aunque me angustia la coincidencia de intereses con mi jefe de departamento, pienso que Badia es capaz de encontrar cualquier resquicio que nos presente la Historia, incluso aquellos datos que permanecen a cubierto del resto de los humanos. Nos lo demostró con creces durante la licenciatura, cuando en cada clase era capaz de regalar tres o cuatro líneas de investigación del todo inéditas, sin ninguna clase de arrepentimiento posterior. Estoy convencido de que sabrá cómo continuar con la búsqueda que tengo entre manos y decido confiarme a su ética, hablarle del asunto aunque eso suponga compartirlo.

Jaume Badia ya ha cumplido los cincuenta, pero se conserva en una forma admirable para su edad. Con la barba recortada, el peso ideal y una dentadura perfecta, parece un actor maduro perdido en los laberintos de la investigación.

—¡Bien, bien, Enric Grau! —la coincidencia con la expresión que utiliza el inspector García me pone en guardia—. Seguro que ya has acabado el trabajo que te encargué.

—Pues no del todo, profesor, pero antes hay un tema que quería comentarle —respondo, y me pregunto por qué aún sigo tratándolo de usted después de tantos años.

Badia esboza una sonrisa un tanto intimidatoria y pide su demodé pero eterno Ginger Ale. Hay pocos clientes en la terraza de L'Embruix. Resulta perfecto para una conversación confidencial, pero yo no las tengo todas conmigo. Dudo si no he de comentarle cualquier cosa sobre el encargo que me hizo y guardarme aún el secreto de Domènech i Montaner. Por otra parte, empiezo a preguntarme si no formarán parte de lo mismo.

—Tengo motivos para pensar que la reina Leonor fue asesinada —le suelto de golpe, consciente de que ésa es la única manera.

—Calma, chico, que yo hasta que no dan las diez funciono al cincuenta por ciento —dice con vanidad, y bebe un trago, que a mí me resulta excesivo, de su Ginger Ale—. ¿Me estás hablando de Leonor de Portugal, la del Ceremonioso?

—Sí, claro, la del Ceremonioso… —lo ha dicho él, pienso sin sorprenderme demasiado.

—Pues no es eso lo que dicen las crónicas —ya conozco ese tono de desconfianza, de desafío intelectual. Badia se esforzó en transmitirnos una máxima: «Desconfía hasta el último segundo, hasta que la confirmación sea completa».

—He encontrado un documento que parece confirmarlo —ya me espero su respuesta, pero no sé si puedo, si debo, ir más lejos…

—¿De qué estamos hablando? ¿De una fuente directa o indirecta? —quiere saber Badia, y yo vuelvo a preguntarme si no debería soltar sólo una parte de la verdad.

—Es indirecta. Bastante indirecta, de hecho, pero diría que es de confianza. Se trata de una nota manuscrita del arquitecto Domènech i Montaner —le confieso al fin, resignado.

—Bueno, chico, ya veo que no tienes nada o que quizá no quieres compartirlo. ¿Qué papel tengo yo en esto? —parece que se ha puesto en guardia, aunque le he revelado la fuente, pero él siempre quiere saber más antes de emitir una opinión y quizá intuye que no estoy poniendo todas las cartas sobre la mesa.

—Ya sabe lo que nos ha dicho siempre: una línea de investigación es como una máquina de escribir o una mujer, no hay que prestársela nunca a nadie —confío en llegarle al corazón con esa cita suya tan profundamente machista—. Además, yo quería, ante todo, contar con su experiencia. He revisado a fondo la bibliografía más importante sobre el asunto y no hay ni una sola contradicción. También he tenido en cuenta que a usted le interesa ese escultor.

—Es simple curiosidad —se apresura a decir—. Siempre hay que buscar nuevas líneas de investigación, ¿recuerdas?

—Me acuerdo.

—Pero con lo de la reina Leonor —continúa Badia— creo que estás en lo cierto. No conozco a nadie que proponga una alternativa. Puede que tampoco se haya investigado en esa dirección concreta. En fin, como si a nadie le importara que aquella reina tan fugaz, ¿reinó como consorte poco más de un año, no es cierto?, muriese de peste o asesinada.

Ahora sí que Badia no me convence. Esta salida de tono no cuadra con su exigencia de investigar hasta el último indicio que pueda proporcionarnos una nueva información. Decido pasarlo por alto e ir directamente a la pregunta...

—Yo.... en realidad, quiero un consejo. ¿Dónde se puede encontrar la verdad cuando fallan todas las fuentes disponibles? ¿Como puedo seguir investigando?

El profesor Badia pone cara de pocos amigos; quizá porque el Ginger Ale ya sólo es agua. Me dirá que esa pregunta debo responderla yo mismo: «Si encuentras la respuesta se te abrirán nuevos caminos».

Pero no lo hace.

—Chaval —dice, con toda la superioridad intelectual de la que es capaz—, si te fallan todas las fuentes, la única opción es ir a La Fuente.

—¿Y cuál es La Fuente?

—Por lo que veo, aún no has pensado en ella. Todo esto tiene mucho que ver con Poblet: los Panteones Reales, un maestro de obras, Leonor paseándose entre la pureza del Císter con su flamante y combativo rey. La Fuente es Poblet, que tiene un archivo muy aprovechable, por cierto. Eso sí, siempre bajo la estricta vigilancia de la Iglesia.

Ya sé que no resulta fácil consultar los archivos de la Iglesia, que lo habitual es tener que pasar mil filtros, pero lo que dice el profesor tiene sentido. Por aquel entonces, el rey Pere estaba obsesionado con la construcción de los Panteones y, bien mirado, todos los indicios que tengo apuntan a Poblet.

Bastante satisfecho, me dispongo a levantarme y a darle discretamente las gracias, pero Badia no parece haber acabado de dar vueltas a sus pensamientos. Me espero un poco y le dejo hablar.

—Creo que hay un camino que deberías probar. Puede que te facilite las cosas, pero nunca se sabe.

—Comprendo, pero si sabe algo le agradeceré mucho que me lo diga —me mantengo a la espera como si me fuera la vida en ello.

—Está esa mujer que estudió contigo… ¿Cómo se llama? Ah, sí, Bea, Beatriu no sé qué.

—Beatriu Casals… —completo de mala gana.

—¡Exacto! —dice el profesor con una sonrisa que lo delata—, si mal no recuerdo es familia lejana de Domènech i Montaner. Le interesan mucho las aventuras medievalistas de su antepasado, incluso en algún momento habló de hacer su tesis sobre ese tema; ha consultado casi todo sobre el arquitecto. Parece ser que se le adelantaron, pero quizá ella... Quiero decir que es una buena manera de empezar, aunque sea una salida lateral.

Eso de las salidas laterales había tenido mucho éxito en tercero de carrera. Badia lo ha dicho con esa bajada de ojos tan propia de sus ironías. Me sorprende que se acuerde. Pero aún me sorprende más que me hable de la mujer con la que estuve hace unos días investigando la muerte de Ricard. Siento como si estuviera dentro de un círculo vicioso que siempre conduce a los mismos personajes: Domènech i Montaner, Ricard, Bea...

—Supongo que tendrás su número de teléfono. Tengo entendido que sois amigos desde entonces.

No se trata de una información difícil de obtener porque durante la carrera nos paseábamos juntos por toda la facultad, pero ¿cómo conoce nuestra vida actual? ¿De alguna reunión con Bea para hablar de su inacabable tesis?

—Sí, claro que lo tengo, y por cierto —digo antes que él pueda continuar, y porque ya me queman las palabras en la garganta—, ¿ya sabe que Ricard Serra murió asesinado hace unos días?

No tengo ninguna duda de que conoce ese dato, pero él baja los ojos durante una centésima de segundo, después se enfrenta a mi mirada y dice que no sabía nada. Mi incredulidad va en aumento: él, el todopoderoso y superinformado profesor Badia, ¿no sabe qué pasa en esta ciudad? No me pregunta cómo ha sucedido; se queda en silencio, quizá porque quiere transmitir desconcierto. Pero el desconcertado soy yo.

—En cuanto al encargo que me hizo, lo tendré listo el lunes sin falta —aventuro, esperando una queja formal que roce el insulto.

—Me alegro, me alegro. Ya sabes qué te digo siempre…

—¡Claro! Que are recto.

—Eres un buen ayudante, Enric Grau.

Viniendo de él es todo un elogio que en otro momento invitaría a quedarse, pero me despido después de darle efusivamente las gracias como si estuviera en primero de carrera. Ni siquiera recuerdo que me había prometido a mí mismo invitarlo, seguramente porque nada más doblar la esquina saco mi teléfono móvil y marco el número de Bea, consciente de que si la investigación me pide seguir la línea de la circunferencia ya no puedo echarme atrás. Mientras espero respuesta, me pregunto si también ella habrá sido alguna vez amante del profesor Badia, como si sintiera una envidia que no siento, o quizá sí.

—¡Hola!

—¡Hola, Bea! —digo, cohibido aún.

—¿Quién eres?

—¿Cómo que quién soy? Pues Enric Grau. ¿Me recuerdas? El detective ayudante, pariente directo del detective cantante. —Dudo inmediatamente de si es bueno este ejercicio de ironía, y su respuesta me dice que probablemente no.

—¿Y qué quieres ahora? Estoy en medio de un artículo que me han encargado para Enciclopèdia Catalana.

—Pues tranquila, porque te lo pagarán tan mal que te sentirás mejor si los haces esperar.

—De acuerdo, te doy nueve segundos —no es mucho tiempo, y esa cifra tan exacta me da que pensar.

—Déjame que te cuente —digo un tanto aturdido por su actitud tan poco colaboradora.

—Estoy esperando y el tiempo pasa…

—He encontrado una línea de investigación que tiene que ver

con tu antepasado, Lluís Domènech i Montaner. —Me ha salido de lo más pedante, pero cuando lo oye su actitud cambia, aunque sólo sea por curiosidad.

—Eso que dices ya lo consideramos, y no hay ningún indicio...

En pocos minutos le hago un resumen completo: Poblet, la reina Leonor, los consejos de Badia, las notas de Domènech...

—¡Espera, espera! ¿Qué notas son ésas?

—Ahora no te lo puedo explicar, Bea, pero lo haré, tranquila —digo, consciente de que si le explico algo de mi descubrimiento en casa de Ricard es capaz de perseguirme con su Golf de primera generación por toda Barcelona.

—No sé, Enric. Estás muy misterioso, y no es normal. Claro que podemos vernos, pero yo me voy mañana, a Poblet precisamente, será una de esas casualidades, ¡ah!

—Poblet, dices, pues yo tengo pensado ir. Podríamos encontrarnos allí —respondo mientras pienso que ahora es ella la que está utilizando la ironía; las casualidades, a estas alturas de la película, me sulfuran.

—Mira —dice, ahora con más ganas—, si quieres te propongo una cosa. Podrías venir a pasar un día en el hotel donde pienso hospedarme, el Villa Engracia.

—El Villa Engracia...—repito, tratando de memorizarlo.

—Sí, es un antiguo balneario. Te gustará mucho, y Poblet está a un tiro de piedra del hotel.

—Vale, vale —digo, firmando una cita que dudo que mi economía pueda permitirse.

—¿Cuándo quieres que quedemos?

—Este sábado iría bien.

—¿Este sábado? ¡Pero si es mañana mismo!

—Como quieras, pero ya te he dicho que me voy mañana. Si

quieres podemos dejarlo para cuando vuelva, pero creo que no es el caso. ¿Me equivoco?

—No te equivocas, no —le digo, pensando en mi noche de búsqueda infructuosa—. Nos vemos allí mañana. ¿Cómo lo encuentro?

—Es fácil, puedes buscarlo en internet —dice y cuelga antes de que yo pueda intervenir.

Me quedo plantado en la calle Diputació. Ahora Badia la cruza en dirección a la universidad, tan abstraído y feliz como siempre. Esto es de locos, pienso. No le he dicho nada a Bea sobre cómo va completándose el círculo, pero no sé si por teléfono lo habría entendido. ¿Quién me manda perseguir imposibles?

El trayecto a casa, Barcelona arriba, es como una marcha atlética. La inquietud me acompaña hasta que me planto delante del ordenador y la página del antiguo balneario Villa Engracia ocupa toda la pantalla.

VI

El maestro Aloi se alejaba del monasterio caminando a buen paso. Llevaba en su corazón la congoja por haber abandonado a su familia en Milmanda, y sus pisadas iban dejando un rastro de polvo fácil de distinguir desde los andamios que conducían al cimborrio. Si el escultor se hubiese dado la vuelta para echar un último vistazo a Poblet, probablemente hubiera visto que un monje observaba a disgusto su partida.

Pero no se trataba del padre Serafí, ocupadísimo en la limpieza de la habitación ahora que acababa de morir la mujer infectada, sino del hombre ya mayor con la nariz aguileña que se había dedicado a contemplar las cosas desde un lugar prudente.

Aquel monje, antiguo caballero del rey Alfons el Benigno, era Bernat de Palau. Quizá al maestro Aloi le hubiese gustado saber que también el padre Bernat creía en el destino y que, mientras envidiaba al escultor por su libertad de movimientos, intuía que su fin estaba próximo.

A pesar de la distancia que separaba el monasterio de las principales capitales del reino, las noticias llegaban periódicamente. Las de los últimos meses dejaban siempre un poso de inquietud entre los pocos monjes de Poblet autorizados a compartirlas: el abad

Copons, el padre Serafí, en su condición de confesor del primero, y el mismo Bernat de Palau que, si los designios del Señor seguían su curso, estaba llamado a suceder al abad.

Lo que tampoco sabía Aloi de Montbrai mientras pisaba el camino de Milmanda con tantas prisas era que el abad Ponç de Copons, el personaje que había proporcionado al monasterio aquella etapa de esplendor constructiva, había muerto hacía dos días. Tanto el padre Serafí como el padre Bernat temían las consecuencias que ese traspaso podía tener en Poblet, sobre todo ahora que el rey estaba a punto de llegar, y habían escondido temporalmente la noticia. Cuando el rey supiera que su principal aliado para impulsar la construcción de los Panteones Reales ya no podía ayudarlo, indudablemente se avivaría la cólera siempre a flor de piel de Pere el Ceremonioso, y sabía que, cuando eso pasaba, su reacción era imprevisible.

Si no lo moviera la ansiedad por encontrarse con su familia, quizá Aloi se habría sentado en alguna de las piedras que los campesinos repartían por los márgenes del camino para poder descansar un poco. Entonces habría abierto su bolsa y habría sacado el cuaderno de notas y el estuche donde guardaba la tinta que le había regalado el conde de Urgell al acabar su último trabajo. Desde entonces, acostumbraba a escribir con una afilada pluma de oca los principales sucesos de su existencia, así como las ideas que le rondaban por la cabeza sobre nuevas técnicas de escultura. Albergaba la esperanza de poder llevarlas a cabo algún día. A todo ello lo llamaba su crónica.

Bernat de Palau desconocía el trato que Aloi había hecho con el padre Serafí y estaba dolido por la marcha del escultor. El episodio con la mujer infectada, la capacidad de sobreponerse a las adversidades que había demostrado aquel artesano, habrían sido de gran utilidad en el monasterio. Pensó que era el momento de hacer uso de su autoridad y pedir explicaciones a su compañero de cenobio, pero sabía que no contaba con la suficiente presencia de ánimo para oponerse al padre Serafí. Cuando era caballero y tenía que repartir órdenes entre los hombres del rey en Barcelona, cuando tenía que administrar su ignorancia, entonces sí podía. Sin embargo, mantener aquella cruzada contra el maligno, discutir las decisiones de sus iguales en la fe en Cristo, pensaba a menudo, iba más allá de sus fuerzas.

Aloi hacía tiempo que había desaparecido por la última curva visible del camino, pero Bernat de Palau se quedó ahí un buen rato, agarrado a las maderas del andamiaje que en pocos días se había vuelto inútil. De todos modos, examinó la destreza con que estaban trabajados los muros que serían, algún día, la base de un espléndido cimborrio.

De momento, se dijo el padre Bernat, la única obra que valía la pena emprender era asistir a los enfermos, acompañarlos para atemperar los efectos de aquella terrible muerte. El sol comenzaba a perder fuerza en el horizonte cuando decidió ir al encuentro del padre Serafí para tratar de inculcar un poco de orden en el cenobio. Sería necesaria mucha energía para hacer entender a los monjes que su dejadez era como desplegar una alfombra de terciopelo a los pies del diablo.

Lo encontró arrodillado ante el altar mayor de la iglesia, y pensó que la presencia tan directa del Señor podría iluminar la conversación en aquel momento difícil.

—¿Cómo os encontráis, padre Bernat? —preguntó de repente el padre Serafí sin cambiar ni un milímetro su postura.

—¡Cargado de dudas! ¡Desesperado! ¡Siento como si nos estuviésemos acercando a la hora del Juicio Final! —respondió con sinceridad el antiguo caballero; aunque tuvieran sus desavenencias se habían hecho amigos como única manera de contrarrestar la personalidad avasalladora del abad Copons—. He visto al maestro Aloi emprender el camino de Milmanda…

—Volverá, no os preocupéis —dijo, lacónico, el padre Serafí, revelando inmediatamente su estrategia—. Echaba de menos a su familia y ésa no es una buena actitud para la lucha. Cuando los tenga a su lado nos ayudará. Él piensa que no es un hombre religioso, pero no comprende que sólo alguien tocado con la gracia divina puede llegar a esculpir como lo hace él y, lo que es más importante aún, tener un corazón tan dispuesto al sacrificio.

—No dudo que habéis hecho lo que habéis considerado más correcto —le respondió el padre Bernat al tiempo que se le ocurrían un montón de preguntas, todas relacionadas con aquella ventolera de esperanza que parecía acompañar siempre al padre Serafí—, pero ¿creéis que podremos superar tanta desgracia?

—¿Habéis perdido la fe, caballero Bernat? —el monje siempre le recordaba su condición cuando se quedaban solos—. No parece que sea éste el momento más propicio.

—Por supuesto que no, pero me cuesta reunir fuerzas cada día al levantarme y veo que en poco tiempo toda la obra de nuestra comunidad se ha ido al traste.

—No digáis eso, padre Bernat. El abad Copons ha dado un impulso a Poblet sólo comparable con el de los padres fundadores. Vos también sabréis guiarnos con sabiduría. Nuestro Señor os ayudará…

—¿Y vos, padre Serafí?

—Yo dedicaré el resto de mi vida a trabajar a vuestro lado —dijo el monje con una alegría que no pasó inadvertida al antiguo caballero—. Sé que sois un hombre bueno, Bernat de Palau, uno de los pocos que conozco que han sabido cambiar el odio y la violencia que siempre acompañan a las acciones de un caballero por el temor de Dios.

—No tenéis muy buena opinión de los caballeros, pero lo comprendo.

El padre Serafí tomó la mano de su amigo y lo conminó a hacer la señal de la cruz. A veces, entre ellos, no era necesario acabar las conversaciones. Rezaron durante un buen rato, amparados en la oscuridad que se iba apoderando de la iglesia. Cuando más concentrados estaban en su tarea, uno de los monjes jóvenes entró corriendo en la nave. Gritaba como un energúmeno, celebraba la llegada de la comitiva real como si el rey Pere fuera a resolver todos los problemas; como si, pensó el padre Serafí, pudiera vencer al diablo con el famoso puñalito que siempre llevaba en el cinto.

Lo que vieron los dos amigos al salir al exterior no les gustó en absoluto. Los demás habitantes del cenobio se habían contagiado del mismo entusiasmo y gritaban, saltaban y bailaban mientras la comitiva real se acercaba al monasterio. Para el padre Serafí, acostumbrado a que pasasen muchos días entre el emisario y la llegada del rey, aquello era una sorpresa. Nervioso y preocupado, trató de frenar la celebración dando algunas órdenes, pero los monjes, algunos de ellos muy jóvenes, estaban como enloquecidos. Finalmente logró convencer a un par de ellos y, siempre con la compañía del padre Bernat, se encaminaron hacia las celdas.

—Tenemos que sacar de aquí al abad Copons —dijo el padre Serafí—; su estancia es la única que podemos ofrecer al rey.

—Además, viaja con la nueva reina, Leonor de Portugal. El pueblo dice que su belleza sólo es comparable a su bondad. Pero, ¿qué hacéis parados en la puerta? Traed mantas ahora mismo... —ordenó el padre Bernat a los dos monjes, que apenas reaccionaban.

El hedor era insoportable en las estancias del abad Copons. El padre Serafí y el padre Bernat se miraron unos segundos para darse ánimos y acto seguido envolvieron el cuerpo inerte y purulento de Ponç de Copons y lo hicieron desaparecer por una puerta trasera que bajaba a la iglesia. Si dirigieron con aquella carga hasta los huertos del lado este, y dejaron el cuerpo del abad al pie de unos árboles.

—Que uno de vosotros se quede aquí para velarlo hasta que podamos hablar con el rey. Sería una ofensa no hacerlo partícipe de la situación.

—Probablemente querrá despedirse del abad —dijo el padre Bernat—; eran buenos amigos. Pero ahora corred hacia las puertas, padre Serafí. Al rey no puede recibirlo este despropósito que se ha armado.

El monje volvió a entrar en el recinto y, al cruzar el claustro, vio algunos padres que se sentaban alrededor de la fuente. Supo enseguida que discutían sobre los enfermos encerrados en el dormitorio comunal, perdida la esperanza, y de lo peligroso que era, según su parecer, atenderlos. Dividido entre la necesidad de ir a recibir al rey y la obligación de hacer de mediador para sacar del espíritu de los monjes aquellos razonamientos tan poco cristianos, se sintió aliviado cuando el padre Bernat se acercó con decisión y les ordenó que lo acompañasen al dormitorio. Las pequeñas resistencias duraron poco y el padre Serafí pudo salir al exterior.

El grupo de hombres armados que precedía a la comitiva real ya había llegado a las puertas de Poblet y soportaba con estoicismo el asedio histérico de los monjes. Algunos caballeros repartían empujones entre risotadas, asegurando que la peste no podía hacer nada contra los hombres del rey Pere; los demás confirmaban aquellas palabras mientras descabalgaban y aceptaban el agua que les ofrecían. Pero cuando uno de los monjes repartió aquellos mendrugos de pan reseco, recibió una sonora bofetada. El padre Serafí intervino inmediatamente.

—No sabía que fuese propio de un caballero maltratar a quien le ofrece todo lo que tiene.

—Ni yo que la hospitalidad de la Iglesia incluyera la bazofia —respondió el señor de Tolosa, uno de los principales valedores del rey Pere.

El padre Serafí comprendió que no se encontraba en disposición de enfrentarse al caballero, pero se le había encendido el rostro, no sólo por la actitud del aquel hombre sino por la rabia acumulada y la impotencia de ver cómo el monasterio se le escapaba de las manos mientras el antiguo guerrero que había sido Bernat de Palau se revelaba como un ser débil y, al parecer, cobarde.

Iba a responder con palabras totalmente descontroladas cuando una figura se interpuso entre ellos. El padre Serafí no daba crédito a lo que veían sus ojos, pero se sintió salvado en última instancia y generosamente agradecido por la fuerza de espíritu que demostraba el mediador.

—¿Y tú quién eres, buen hombre, para meterte en nuestra conversación? —preguntó con furia el señor de Tolosa.

—Soy Aloi de Montbrai, maestro de obras del rey —dijo el escultor mientras notaba cómo le temblaba la ceja derecha, uno de sus síntomas conocidos de nerviosismo—, y creo que tan esforzados caballeros merecen el mejor trato posible después de un camino tan largo; ¿no es así, padre prior?

El padre Serafí a punto estuvo de hacerle un signo negativo con las manos al maestro Aloi, por haberle otorgado un título que no tenía. El padre prior del monasterio era Bernat de Palau, quien no quería que lo llamaran así porque lo consideraba un signo de vanidad.

Por suerte se contuvo y abrió las manos en señal de asentimiento.

Los monjes jóvenes, después del sopapo recibido por su compañero, habían parado las manifestaciones de alegría y, con la precisión que marca el miedo, unos ayudaban a descabalgar a los demás caballeros y otros conducían los animales a los establos.

—Os hacía lejos, maestro Aloi, al lado de vuestra familia —dijo el padre Serafí cuando el señor de Tolosa respondió a la llamada de un cántaro lleno de vino de l'Espluga.

—Sí, pero me he topado con la comitiva del rey y he pensado que quizá podrían esperar unas horas, que vos también me necesitabais. Ya sabéis aquello de los designios del Señor…

—Sois un hombre extraño, Aloi de Montbrai, pero me alegra teneros a mi lado.

Todo el alboroto cesó de golpe cuando oyeron la presencia real a las puertas de Poblet.

También el señor de Tolosa abandonó el generoso cántaro de vino en manos de un monje para acercársele. Y es que ni la figura más bien poco voluminosa del soberano, ni el polvo que había acumulado encima durante el camino, restaban atractivo a Pere el Ceremonioso.

—¿Dónde está el abad de este monasterio? —gritó el rey, antes de bajar del caballo.

—Señor —tuvo que intervenir el padre Serafí, con el maestro Aloi unos pasos más atrás—; lamento mucho comunicaros que no le es posible estar presente.

—¿Qué intentas decirme, monje? ¡Mi amigo y siervo Ponç de Copons se niega a recibirme!

—No exactamente, majestad. De hecho no puede recibir a nadie. Nuestro querido abad ha muerto —respondió el padre Serafí sin alterarse, a pesar del rechazo que le provocaban esas palabras:

la Iglesia no debía servidumbre a nadie, ni siquiera al soberano.

Nuestro rey no mostró extrañeza ni pena por la noticia ni por la poca habilidad del monje para explicar las cosas con respeto. Descendió del enorme caballo que durante su juventud vagaba libre por los prados de los Pirineos y se encaró con el padre Serafí. Todos los presentes se habían acercado para contemplar la escena; sólo algunos caballeros continuaron hablando entre ellos hasta que la mano real los hizo callar. El soberano ni siquiera le llegaba a la altura de la barbilla al padre Serafí, y sin embargo su mirada, y sobre todo el mal carácter que se adivinaba tras ella, hacía que todos le mostrasen acatamiento. El escultor comprendió que el padre Serafí no estaba dispuesto a humillarse y admiró aún más a aquel hombre que, por las muestras que le había dado hasta ahora, merecía más que nadie regir la suerte del monasterio.

—Muy bien —dijo el rey, observando con detenimiento a los monjes famélicos y desarrapados que lo escuchaban—; pero habréis nombrado un sucesor, ¿no es así? ¿Vos, quizá?

—Aún no ha podido reunirse el Capítulo, majestad —se avanzó Aloi—. La situación en el monasterio es, ¿como lo diría?, un poco complicada.

—El Capítulo se reunirá dentro de siete días —respondió el rey, sin que pareciera reconocer al escultor; todos comprendieron que se trataba de una orden—. Mientras, dispongo que convoquéis una reunión con los monjes más ancianos. Quiero verlos inmediatamente en el coro. A usted también, maestro Aloi.

—Pero eso no va a ser posible, majestad. Muchos de ellos están enfermos y no pueden moverse del dormitorio —intervino otra vez el padre Serafí parando con un gesto de la mano la respuesta del escultor.

—Pues que vengan también sus camastros.

Dicha esta frase, el rey calló de golpe. Miraba con autoridad a los presentes que guardaban un silencio absoluto. Sólo cuando se volvió hacia el señor de Tolosa, y éste estalló en una carcajada secundado por el soberano, se dieron cuenta que el humor macabro del rey, del cual ya se tenía noticia, esperaba respuesta.

Aloi de Montbrai conocía muy bien esas salidas y esperaba que al acabar de reír apareciera la furia ingobernable del rey Pere. Pero la presencia de dos niñas dulcificó su rostro. Habían bajado corriendo de la carreta en cuanto ésta se paró, y los rostros infantiles, sobre todo sus miradas que destilaban pureza, conmocionaron a los presentes. Las princesas Joana y Constança se colocaron cada una a un lado del soberano.

—¿Acaso no veis a mi familia cansada y con ganas de ser recibida como se merece, monje inútil?

—Por supuesto, señor. Daré orden de que las atiendan lo mejor posible —parecía otra frase desafortunada del padre Serafí, pero Aloi pensó que también era la única que reflejaba fielmente la situación que se vivía en Poblet.

Pocas horas más tarde, los habitantes más entusiastas del monasterio se percataron de que la presencia del rey no cambiaba de inmediato la situación. Los enfermos, que se habían multiplicado como hongos en muy poco tiempo, agonizaban en el dormitorio. Mientras, la otra comunidad del cenobio, los hermanos legos, habían abandonado sus jergones. Todos los que estaban sanos habían huido y los que quedaban, trabajo tenían para no perder la dignidad. Cierto era que Pere el Ceremonioso se había esforzado en convocar a los monjes más antiguos al cenobio para pedir ayuda a su sabiduría, pero este reconocimiento a los religiosos, que tan buenos resultados le había dado en otras ocasiones, no consiguió levantar el ánimo general.

Hacía tiempo que el maestro Aloi no residía en un monasterio. Los últimos trabajos los había llevado a cabo en diferentes cortes y en un pequeño pueblo de la Cerdaña. Así pues, aunque estaba acostumbrado a los chismorreos, le sorprendió la facilidad con que tomaban cuerpo también allí, en aquel lugar sagrado que el rey Pere había escogido para que albergara su tumba y las de los reyes futuros.

La gran noticia no era que la nueva reina acompañase al rey, cosa que ya esperaban, sino, según corrió como la pólvora por todo el recinto, su belleza iluminadora. También, y este detalle era secundario pero no menos celebrado, que tratase a las princesas Constança y Joana como a sus propias hijas.

Al oír esos comentarios, Aloi estuvo a punto de ceder en el empeño de ayudar al padre Serafí a distribuir los monjes de manera que los caballeros del rey tuviesen su espacio en el dormitorio, para ir al encuentro de la reina. Pero inmediatamente le vino a la cabeza aquella imagen que lo atormentaba, la de su mujer y su hijo diciéndole adiós a las puertas de Milmanda, y reprimió su curiosidad.

—Seguramente mañana podréis acercaros a ver a vuestra familia, maestro Aloi —dijo el padre Serafí desde un extremo del dormitorio, donde el escultor bregaba con un monje muy anciano que intentaban trasladar a la parte de la estancia más cercana a la iglesia.

—Dios os escuche, padre.

Al acabar, el dormitorio de los monjes no sólo reunía a los monjes enfermos y a los sanos en un espacio muy reducido; también congregaba a los caballeros, mezclando los olores de la enfermedad y la reclusión propios de la estancia con los olores a largos días de camino y a sudor de los caballos que traían los recién llegados. Aloi, lejos de envidiar esa deferencia hacia los hombres del rey, se sintió feliz en su rincón de un dormitorio de conversos que había quedado prácticamente desierto.

Poco sospechaba en aquel momento que en los días siguientes, lejos de poder ver a su familia, tendría que pasar una de las pruebas más duras de su existencia.

VII

Una pequeña muralla de piedra rodea el antiguo balneario de Villa Engracia. A simple vista comprendo por qué le gusta tanto a una descendiente de Domènech i Montaner. Nada más entrar en el recinto encuentras una amplia terraza con mesas de madera y árboles centenarios que le sirven de cubierta. El edificio es una de esas sólidas construcciones de finales del XIX. Todo tiene un aire de mundo en decadencia, pero los numerosos catálogos y folletos sobre la ruta del Císter que hay en el vestíbulo nos dan noticia del provecho que nuestro siglo sabe sacar del legado histórico.

El hotel está en Les Masies de Poblet, en la ruta que llega de l'Espluga de Francolí y continúa hasta el pie del mismo monasterio, un lugar con varios establecimientos turísticos entre los cuales, según me ha parecido, Villa Engracia viene a ser el símbolo del esplendor de antaño. He tenido ocasión de comprobarlo mientras caminaba carretera arriba después de que el autobús me dejara en las primeras casas.

A la mujer pequeña y simpática que sale a recibirme, toda ella energía, le explico que he quedado con uno de los huéspedes. Durante el viaje he decidido que no pasaré la noche en Villa Engracia; será suficiente si hablamos durante el día. Pero la encargada, que más tarde sabré que se llama Sonia y es canaria, no encuentra ningún inconveniente en mi falta de reserva. Me hace entrar hasta la sala que ya he visto en las fotografías de la página web y me dice que hará todo lo posible para darle mi aviso a Beatriu Casal. También me informa que tienen por costumbre no llamar a nadie a su habitación antes de la doce.

Puesto que falta media hora para el mediodía no me preocupa demasiado esa norma de la casa. Me siento un rato en el asiento más cercano, más que nada para darle a entender que las prisas no tienen nada que ver con mis intenciones. Lo más destacado de esta sala central del hotel es una vistosa escalera de aire modernista, aunque tampoco se quedan atrás los arcos del techo ni algunas de las sillas y mesitas repartidas por los rincones. Me imagino a la burguesía catalana de finales del siglo XIX deambulando por el balneario, las mujeres luciendo vestidos de corte parisino y los hombres con los dedos hundidos en los bolsillos de sus chalecos. Es una visión fugaz que me hace sonreír. He pasado años compartiendo horas y horas con Beatriu y, por mucho que me esfuerce, no la veo en este ambiente de reminiscencias burguesas.

La realidad, sin embargo, siempre cambia nuestros pensamientos. Las reflexiones que me hago sentado en uno de los sofás de tela roja que hay en la sala modernista se disipan cuando la figura menuda de Bea se me planta delante con una sonrisa irónica.

—Finalmente has venido —el tono es neutro, entre la incredulidad y la indiferencia.

—¿Lo has dudado en algún momento? —respondo levantándome del sofá y mirándola de arriba abajo—. Ya te dije que he hecho un descubrimiento importante.

Ella también me estudia, hace una mueca, como si en el fondo le fastidiara mi presencia. Yo aún estoy sorprendido por el escenario de nuestro nuevo encuentro, pero no me preocupa su actitud; sé que padece la misma enfermedad que yo: curiosidad extrema.

De repente, miro a Beatriu como si nos acabáramos de conocer. Lo hago siempre que el desconcierto me convoca a su mesa de dudas. Quizá porque esta vez, después de mucho tiempo, nos encontramos fuera de los sitios habituales de Barcelona, la cafetería Laie o la librería La Central, donde nos hemos visto a veces sin ir más allá de alguna frase de compromiso, de un «hola, qué tal».

No es una mujer estilizada de aire romántico; es más bien gordita y viste unos vaqueros de cintura demasiado alta para los tiempos que corren. La camisa, a cuadros rojos y marrones, resulta aún más sorprendente cuando acompañas todo el conjunto con unas zapatillas de deporte raídas.

Pero observo que sonríe; siempre ha tenido unos labios pequeños que mueven a la ternura y unos ojos oscuros, profundos.

—¿Has dejado el equipaje en recepción? —me pregunta, y se ve claramente que quiere cortar ese instante de reconocimiento mutuo.

—No traigo nada. Ya sabes cómo funciona eso de ser un profesor contratado. No puedo permitirme según qué alegrías.

Espero ver un gesto de decepción en su rostro, pero no resulta fácil agarrarle los pensamientos al vuelo. Es la una y media y me propone comer en el hotel.

—Ya pagaré yo —dice, pero esta vez se guarda el tono irónico y entiendo que lo propone de corazón—. Si quieres refrescarte puedes utilizar mi cuarto.

—Gracias, pero no será necesario. He tenido un buen viaje y estoy bien.

—Como quieras. Ahora sólo nos toca decidir si comeremos en el comedor o en la terraza bajo los árboles.

La disyuntiva no es en absoluto gratuita. Entramos en el comedor y me doy cuenta de su valor como ejemplo de otra época. Es un espacio acogedor y creo que promueve la charla tranquila. Pero Bea ya conoce mi debilidad por las terrazas y no le extraña mi propuesta.

—Me parece bien. Hoy no hace demasiado calor —dice, después de que hayamos dado una vuelta por las mesas vacías y salido a un balcón circular que corona uno de los ángulos de la estancia—, probablemente estaremos mejor al aire libre.

Acomodados en una de las mesas exteriores, me dedico a observar a la camarera, una chica joven que va arriba y abajo transportando platos del menú del día. Beatriu quizá espera que diga algo, que comience mi relato apasionado de los hechos. Lo cierto es que desde que empezó esta historia me cuesta entrar en materia. Al contrario de la sensación que da siempre mi amiga, con su carácter firme y poco convencional.

Sé que no me preguntará nada, que esperará paciente hasta que yo estalle y desembuche.

—Hace tiempo yo también pasaba muchas horas en terrazas —rompo el hielo mientras damos cuenta de una comida mediocre—. Mis abuelos maternos solían ir a balnearios y hoteles rurales, en Cantabria. Las terrazas con barandillas de piedra eran un elemento más del paisaje.

—Lo sé, Enric, me lo has contado mil veces —podría haberme seguido la corriente, pero entonces no sería la Beatriu auténtica que recuerdo de las clases y de las horas de estudio en la biblioteca—. Ahora vas a decirme que tu padre nació en Torrelavega, pero que tu abuelo era de Irán, en Guipúzcoa, y tu abuela de Oporto, aunque los dos tenían orígenes catalanes.

Los viejos conocidos siempre causan inquietud. ¿Cómo acordarse de lo que has llegado a contarles después de pasados los años? Vuelvo a mirar sus ojos, que ahora parecen de una oscuridad inteligente sin saber muy bien qué puede querer decir eso. A pesar del peligro de repetirme, insisto en que la investigación es toda mi vida, que cuando encuentro una línea que seguir soy capaz de zambullirme hasta desaparecer de otros escenarios. No sé por qué siento deseos de sincerarme con ella, que a menudo se muestra tan poco comunicativa. Puede que a pesar de sus ironías siempre me haya transmitido una seguridad de criterios que me anima a abrirme.

—El otro día, en casa de Ricard... pues, encontré una cosa que te interesa...

Espero su reacción, pero ella sólo me escucha, al menos de momento. Saco un sobre de la vieja cartera de piel que siempre llevo conmigo y, del interior, la nota manuscrita de Domènech i Montaner. Se limita a extender la mano y cogerla mientras aparta el plato hasta un extremo de la mesa.

—Ya me he asegurado, pero tú puedes decirme mejor que nadie si se trata de la letra del arquitecto modernista.

—¡Pero, Enric... estabas conmigo cuando encontraste esto! Y te lo guardaste así sin más...

—Es verdad, Beatriu, pero no me digas que no habrías hecho lo mismo.

Se queda parada, y tengo la impresión de que he hecho diana. Hace un gesto de enfado con la mano, como si le pasara por la cabeza pegarme, pero enseguida se concentra en la nota y yo aprovecho para acabarme el plato de lomo con ensalada de este menú tan poco sugerente.

—El profesor Badia lo sabe, pero no he querido enseñarle la nota.

—¡Se lo has contado! —se escandaliza Beatriu—. ¿Se te ha ido la olla?

Esta reacción era previsible. Le explico que yo solamente quería saber cómo llegar más lejos y, también, que me interesaba ver con mis propios ojos su reacción, teniendo en cuenta el encargo que me había hecho sobre Aloi de Montbrai. Ahora sí que está sorprendida y, puede que sea la primera vez desde que la conozco que se queda sin palabras.

—¿El profesor Badia te encargó que buscaras información sobre Aloi de Montbrai, el escultor medieval? —repite, como si necesitara oírlo otra vez.

—Tal cual, Beatriu. Aunque debo decir que, salvo una caída de ojos probablemente involuntaria, no le dio más importancia a la existencia de esos papeles.

—¿Y…? —Sí, hay algo más, y ella lo sabe.

—Me propuso que te informara de ello porque piensa que podrías ayudarme. ¿Qué te parece?

—¡Que es un mal nacido!

—Pues, por su aspecto, no parece que haya evolucionado mal —siento que tengo las de ganar y, de alguna manera, le devuelvo todo lo que me hizo tragar cuando me llevaba la contraria en las clases, siempre con todo el acierto del mundo por su parte.

Beatriu ha renunciado a terminar el plato. Intenta seguir la conversación, pero le da mil y una vueltas al manuscrito del arquitecto, que ya no suelta de las manos. No sé cómo va a tomárselo. Pienso que podría mandarme a paseo y quedarse las notas, decir que le pertenecen y desafiarme a arrebatárselas. Estaría muy en su línea. Pero mi amiga parece más bien desarbolada.

—¿Y ahora qué? —pregunta al fin, aunque no sé si espera una respuesta.

—Es una buena pregunta —afirmo, con la intención de hacer crecer la empatía entre nosotros, bastante herida en los últimos minutos.

Quedamos enfrentados, mirándonos. Enciende un Rex, y tengo la impresión que, excepto ella, hace años que no he visto a nadie fumar esa marca. Cuando expulsa el humo, me llega una extraña vaharada, quizá por la costumbre de oler tabaco rubio a mi alrededor. Ya no cae el sol a plomo en la terraza del Villa Engracia y la camarera nos ha traído los cafés. Beatriu fuma despacio y hace bolas con migas de pan que luego utiliza para sellar grietas de la mesa de madera.

—¿Sabes?, yo también tenía un abuelo —dice, seguramente para romper el hielo aunque yo no entiendo adónde quiere ir a parar—; y siempre decía lo mismo...

—¿A qué te refieres?

—Que cuando las cosas no salen se debe comenzar por el principio, aunque nos dé la impresión de haber hecho el camino muchas veces y nos resulte repetitivo. Cuando explicas una historia estás a merced del receptor y, puesto que no hay ninguno igual, tú también puedes llegar a tener nuevas ideas, nuevas sensaciones.

Me gusta la reflexión que ha hecho. Me siento bien a su lado, mucho más de lo que me esperaba, bajo la protección del balneario reconvertido en hotel rural. Poco a poco pongo sobre la mesa todas las casualidades que nos han llevado hasta aquí: el manuscrito de Domènech i Montaner —no mueve ni una ceja al oírlo—, el encargo de Jaume Badia, nuestra obsesión con la Edad Media. Beatriu parece estar a gusto porque, a medida que yo pierdo fuerza en mis explicaciones, ella va acomodándose a una tarde plácida...

—No dispongo de ninguna información que pueda ayudarnos, Enric, al menos ninguna consciente. Pero si algo creo es que Badia no hace nada sin pensar en su propio beneficio. Dices que te encargó que buscases información sobre Aloi de Montbrai. No es precisamente un punto a su favor si quiere mantenerse al margen de lo que le ha sucedido a Ricard.

—Si pudieras recordar algo más de lo que te contó Ricard sobre su investigación…

—No creas que lo he dejado de lado —responde Beatriu—. Llevo pensando en ello desde que me llamaste ayer, pero nuestras conversaciones eran muy breves; siempre andaba ocupado, con reuniones y plenos y… ¡Que no entiendo de dónde sacaba el tiempo para continuar hurgando en la historia! Con el profesor Badia era distinto. Algunas veces quedaban para comer… Puede decirse que Ricard formaba parte de su red de informadores.

Sé que Beatriu fue una buena alumna de Badia, que sentía una sincera admiración por él. Todo lo que le he contado, y que a mí también me preocupa, levanta, como quizá diría el inspector, una sospecha razonable, pero tiene muchas lecturas. Es muy probable que Ricard le comunicase en algún momento al profesor en qué estaba metido. Eso explicaría que Badia me encargara esa búsqueda sobre Aloi de Montbrai… Tal vez sólo era simple curiosidad académica.

Pero sé que los métodos del profesor son otros. Él es un depredador de la Historia. Y ahí hay algo que no sé definir y que me preocupa.

—Decir que Badia tiene algo que ver con la muerte de Ricard me parece, cuando menos, prematuro —argumento como si pensara en voz alta, pero ella se lo toma de forma personal.

—Eso ni siquiera lo he insinuado yo, Enric. Pero una cosa está clara, y es que las circunstancias nos han metido en esta historia.

—No te lo niego —no puedo hacerlo, entre otras cosas porque me arriesgaría a perderla como interlocutora—. ¿Piensas comentar algo de esto al inspector García?

—Necesito pensar —me responde Bea, y aprovecho para revolverme inquieto en la silla.

—Claro.

—Mira, Enric —empieza de golpe, pasados unos minutos—: yo no sé si se puede decir que soy familia de Domènech i Montaner. Toda la relación se basa en que mi bisabuelo era tío de su mujer. Al llegar a la facultad, alguien lo descubrió y no sé... Supongo que les hizo gracia, sobre todo después de que Badia insistiera tanto en una clase sobre aquellos años de finales del XIX en que todo el mundo quería redescubrir el románico. A mí me hizo pensar que había que seguir los pasos de mis antepasados, que mis obsesiones históricas venían de alguna parte, y aquello, pienso ahora, ayudó a mi formación. Ya te imaginas lo que me habría gustado hacer la tesis sobre esos viajes de Domènech, pero se me adelantaron y me he conformado con las rutas comerciales del siglo XIV en el Mediterráneo.

—Badia no me dijo si trabajas, si das clases o si estás en alguna universidad, y hace tiempo que tú y yo no hablamos de ello —la interrumpo, puede que sólo para darle la oportunidad de ordenar las ideas.

—No, no doy clases en ningún sitio. De momento he podido permitirme investigar a tiempo completo. Ya sabes que mis padres tiene una joyería en Mataró y, pese a los tres robos de los últimos años, aún pueden mantenerme. Soy una privilegiada, como has dicho siempre.

—Bueno, no era mi intención... —lo digo sinceramente, pero al mismo tiempo echo una mirada alrededor, hacia el hotel rural que yo no puedo pagarme, y pienso que quizá sí que es una privilegiada.

—Déjame ahora que te explique cómo veo yo la cuestión —la dejo hablar, intento adoptar una postura que demuestre mi concentración en sus palabras—. Domènech i Montaner fue un entusiasta del románico, como ya sabemos, hasta el punto de tomarlo como base de su arquitectura. Hizo muchos viajes por todo el país con ese espíritu tan inglés de la época, pero me da la impresión que a Poblet le dedicó más tiempo que a otros lugares. Buena prueba de ello es la extensa monografía que escribió sobre el monasterio. Yo me he zambullido varias veces en su legado, he revuelto todos los papeles que me han permitido mirar, pero, de verdad, no he encontrado nunca una referencia a una crónica del maestro Aloi. A lo mejor la he visto y, más que pasarla por alto, he llegado a la conclusión que no se correspondía con mis investigaciones. Pero también me extraña porque soy muy curiosa y creo que es una característica que compartimos.

Ahora soy yo el que sonríe, y ella me imita, como si hubiésemos encontrado el punto que más nos acerca. Recuerdo las palabras de Ezra Pound que leí una vez: «Cuando la curiosidad desaparece, la gente se muere». Hace rato que el sol está escondido detrás de lo que parece una pequeña iglesia adosada al hotel y la terraza se ha quedado desierta.

—Hay una cosa que puedo decirte con cierta seguridad —continúa mientras yo cruzo las piernas hacia el lado contrario—. Ese que todos juegan a ver como mi antepasado era un hombre metódico, muy estricto en sus investigaciones. Me extrañaría que hubiera escrito algo sin un documento que lo justificase.

—Yo también lo pienso. Pero entonces, ¿por qué no hay ninguna referencia? ¿Por qué nadie ha mencionado ese diario de un maestro de obras importantísimo en la construcción de los Panteones Reales?

—Ya entiendo por qué quieres ir a la biblioteca de Poblet. Badia te ha dicho que busques La Fuente.

—Bueno, claro —río con ganas y, a la vez, me preocupo por no haberle contado nada aún sobre la fotografía del Colegio de Arquitectos, pero me digo que hay un tiempo para cada cosa—. Hay mucho de verdad en esa idea de La Fuente, ¿no te parece?

—Quizá sí, pero si no piensas quedarte a dormir, ¿cuándo irás a Poblet? Hoy ya es imposible si queremos encontrar abierta la biblioteca —tiene razón, la tarde va pasando y el sol ya ilumina lateralmente las casas de colonias que dependen del hotel.

—Vendré cualquier otro día. Es lo mejor que puedo hacer.

Beatriu me mira directamente a los ojos y mueve la cabeza en señal de desaprobación. Saca los Rex y enciende uno. El paquete está en las últimas y esos cilindros blancos tan perfectos han pasado a ser un montón de colillas deformadas en el cenicero. Después de lanzar el humo hacia mi espacio vital, dice:

—Quizá lo podríamos arreglar. Además, conozco una persona que te podría ayudar. O nos podría ayudar... Si es que quieres seguir tirando del hilo...

—Tú misma has dicho que estamos metidos de lleno en esto.

—Sí, puede ser que lo haya dicho.

—¿Una persona, dices? —le pregunto sin responder a la nueva ironía.

—Es un antiguo abad de Poblet, Guillem Rosa. No sé de nadie capaz de explicar mejor qué ha pasado en ese monasterio a lo largo de los siglos. Ahora vive en Vallbona de les Monges, pero yo tengo coche y tú no...

Beatriu comienza a disfrutar con mis ansiedades y limitaciones, pero yo espero paciente, deseoso de saber cuál es la propuesta que quiere hacerme. Mientras, encuentro una manera poco inteligente de devolverle la ironía.

—¿En Vallbona, dices? Pero ¿Vallbona de les Monges no es un monasterio, de... esto, de monjas?

—¡Precisamente!

No entiendo nada. Tengo la sensación de que una de las constantes con Beatriu será esperar que ella me desvele las cosas a su manera. Sé que, como tiene por costumbre, será poco a poco y con misterio incorporado. Pero todos guardamos un as en la manga y yo tengo muchas ganas de saber cuál es el suyo.

Mientras conduce, me descubro pensando que, si hacemos caso de la cita bíblica, cada vez nos acercamos más al Altísimo. Ahora se trata de un ex abad, que quizá no examinará nuestras obras, pero podría sondear nuestras intenciones…

VIII

Cuando el rey Pere organizó a su manera el recinto del monasterio, haciendo que los hombres montaran guardia en cada esquina como si aquello pudiera frenar la enfermedad, tuvo en cuenta el principal propósito que lo había conducido hasta Poblet. Los problemas con las uniones de Aragón y de Valencia, así como las diversas guerras que había librado durante los últimos años, le habían hecho aparcar el proyecto para el cual se sentía legitimado por el mismo Dios: la construcción de un Panteón que albergaría las sepulturas de los futuros monarcas catalanes, y también a él mismo, de acuerdo con la gloria de su reinado.

Ahora, el mejor aliado para sus planes, el abad Ponç de Copons, artífice del aspecto radiante que mostraban algunos de los edificios del monasterio, había muerto y, por lo que le parecía en aquella visita, el cenobio atravesaba una crisis de confianza que sería difícil vencer con órdenes o favores. Se había encontrado con la misma plaga que asolaba Poblet en otros lugares del reino, y de un tiempo a esta parte le llegaban noticias al respecto desde toda Europa. Los efectos eran catastróficos: pueblos desiertos, cosechas abandonadas, un panorama de muerte y desolación que monarcas y gobernantes deberían empezar a tomarse muy en serio. Y a todo esto, los médicos, más bien filósofos que se ilustraban a partir de textos griegos y romanos, respondían con teorías fantásticas nada efectivas, como atribuir las causas a una conjunción planetaria desafortunada. Entretanto, la Iglesia se limitaba a hablar de castigo divino contra los pecados de los hombres, con misas apocalípticas que en nada ayudaban a los siervos a ponerse manos a la obra, y la gente organizaba procesiones de flagelantes, personas que recorrían los pueblos infligiéndose severos castigos a sí mismas.

El rey pensaba que no era su papel ocuparse de las cosas del espíritu, que ya hacía bastante, como él decía, alimentando a los gandules de los monjes, contribuyendo al mantenimiento y mejora de las catedrales y cenobios. Por esa razón se enfureció tanto con la reunión de notables que había convocado nada más llegar.

Tanto el padre Serafí como el padre Bernat decidieron hacer oídos sordos a aquella orden absurda que reclamaba la presencia de los enfermos en la sala capitular. La Iglesia no podía otorgar todo el poder al rey en un recinto sagrado como Poblet, y eso también lo sabía Pere el Ceremonioso. Los resultados de la reunión fueron poco estimulantes; sólo se acordó que los hombres del rey vigilarían las puertas del monasterio. El objetivo era no dejar entrar a nadie con la enfermedad. Una medida inútil, pensó enseguida Aloi, que también salió de la reunión bastante desanimado.

Pero no era ese asunto de la plaga lo único que preocupaba al rey. Durante su estancia en Zaragoza, había recibido noticias de uno de sus mejores espías en la ciudad condal, Mathias Olmert, el judío que le rendía una fidelidad bien extraña a cambio de un visado especial para sus mercancías. Lo informaba de la reunión que había tenido lugar entre un grupo influyente de comerciantes y altos representantes de la Iglesia, en la cual se había hablado de presionar al rey para que trasladara el proyecto de los Panteones Reales a Barcelona.

En otro momento habría rechazado sin más esa información, pero los problemas con Aragón y Valencia, así como los efectos de la plaga de pestilencia que asolaba el reino, ya representaban un trastorno considerable como para añadir otro más. Quizá por eso había aceptado una reunión con miembros de ambos colectivos en el monasterio de Valldonzella, en cuanto pusiera orden en Poblet y pudiera viajar a Barcelona.

Lo que más preocupaba al rey Pere de la situación que se había encontrado en el monasterio no era la plaga, sino la ausencia de hombres capaces de llevar a cabo las obras de los Panteones Reales.

Estaba acostumbrado a disponer de numerosos artesanos que se instalaban a las puertas de los lugares que visitaba, siempre dispuestos a asumir las tareas más diversas por unas cuantas monedas. Pero en Poblet sólo había monjes enfermos o inútiles que aprovechaban la muerte del abad Copons para abandonarse al desánimo. Fue así como, al ver que no conseguiría nada de la reunión de notables, convocó a Aloi a una visita privada.

Éste estaba punto de partir hacia Milmanda, pues había cumplido con creces la ayuda prometida al padre Serafí.

—Tengo que agradeceros, maestro Aloi de Montbrai, vuestra colaboración en este momento tan delicado —comenzó diciendo el rey, dispuesto a conquistar la voluntad de un artesano a quien admiraba por sus creaciones pero que, en el fondo, menospreciaba por su carácter excesivamente sentimental.

—Gracias, majestad, aunque lo he hecho porque he pensado que era un deber para con vos y con la Iglesia…

—Bueno, bueno —lo interrumpió el rey, que con todos los problemas que vislumbraba no se sentía nada ceremonioso—, pero ahora tenemos que hablar del trabajo que os ha traído hasta aquí.

Quiero entender que vuestra presencia en Poblet está relacionada con mi proyecto de los Panteones Reales.

—En cuanto recibí vuestro mensaje me puse en marcha, majestad. Pero si me permitís, mi familia…

—Tengo entendido que vuestra familia está en Milmanda, resguardados del ambiente insano de este monasterio —interrumpió el rey Pere al escultor.

—Entonces, ¿habéis tenido noticias de ellos?

—Los vi ayer cuando pasamos por la granja, y dejadme que os felicite. Vuestro hijo parece habilidoso. Seguro que pronto será un buen aprendiz.

Aloi no informó a Pere el Ceremonioso de que Andreu, un regalo del Señor en su madurez, no se inclinaba demasiado por el trabajo de buril y que más bien lo atraía una vida aventurera que él no aprobaba. Quería expresar su voluntad de tenerlos más cerca, porque la certeza de un lugar a salvo de la enfermedad era una quimera. El rey no le dio opción.

—Maestro Aloi, debéis conseguir artesanos capaces de poner en marcha nuestro proyecto. Pronto llegará un cargamento de piedra desde las canteras de Besalú y hay que tenerlo todo preparado. Quiero que comencéis a trabajar enseguida, eso quiere decir que necesitáis hombres… me da igual de donde salgan ni el dinero que cuesten. Id a l'Espluga o adiestrad a los monjes. ¡Me da igual!

—Pero Majestad, la situación en el monasterio…

—La situación en el monasterio está controlada y vos sólo tenéis un trabajo.

Ésa era la sentencia y era definitiva. El rey se puso de espaldas dando a entender que la conversación había terminado. Por la cabeza de Aloi pasaron muchas cosas. Pensó en huir, al menos el tiempo necesario para acercarse a Milmanda y ver a su familia. El rey le había dado una buena excusa al pedirle que encontrara artesanos. Pero al salir de las antiguas estancias del abad Copons otro asunto vino a ocupar de forma inesperada sus pensamientos.

Aloi se dio de narices con la reina Leonor, rodeada de las princesas Constança y Joana y los huérfanos que el monasterio había acogido, ataviados pese a su juventud con los hábitos monacales. Él, acostumbrado a ver mundo y a estar delante de mujeres de todo tipo, se paró a contemplarla durante unos segundos que pronto se convirtieron en minutos. La reina jugaba con los chicos y las chicas con una relajación, pensó, impropia de un monasterio. El escultor trataba de ir al encuentro del padre Serafí, pero el esfuerzo era inútil. No había ningún motivo aparente para retenerlo: Leonor era casi una niña, a pesar de sus diecinueve años, y su belleza tampoco es que fuera extraordinaria. Pero irradiaba un encanto especial, con aquella sonrisa siempre a flor de labios, con aquella mirada alerta que dirigía a los futuros monjes…

—Sois el maestro Aloi, ¿verdad? —preguntó la reina, provocando que el escultor se asustase.

—A vuestro servicio, majestad —respondió Aloi, incapaz de comprender cómo había sido descubierto aunque se había quedado un buen rato mirándola.

—El rey dice que no hay otro escultor como vos, salvo Jaume Cascall, claro está.

Aloi se puso en guardia. Había trabajado para muchos príncipes y soberanos, había llevado a cabo obras que destacaban por su perfección y belleza, pero no conseguía quitarse de encima la comparación con aquel artesano que él consideraba menor.

—El rey es muy amable, pero por lo que respecta al maestro Jaume, nuestros estilos son muy diferentes —acertó a responder.

—No quería ofenderos, maestro Aloi; sólo son cosas que se dicen. Yo aún no he podido contemplar las esculturas del Saló del Tinell, pero el rey dice que son magníficas.

—El rey tiene toda la razón, sin duda —dijo Aloi, imprudente, provocando la risa de la reina.

—Por vuestras palabras veo que no sois una persona modesta —dijo la reina, divertida.

—Es verdad, creo que vuestra belleza me hace decir cosas que no pienso.

—Es una buena respuesta, muy galante por vuestra parte, pero me estoy acostumbrando a que todo el mundo se dirija a mí con galanterías —la reina se puso seria de golpe y Aloi pensó que la conversación estaba yendo muy lejos, demasiado si quería preservar sus intereses, pero la fascinación que emanaba de Leonor de Portugal se hacía cada vez más intensa a sus ojos.

—Perdonadme, majestad. Debo cumplir los encargos del rey.

—Estáis perdonado, pero pensad que la mejor manera de cumplirlos no es parándose en medio del claustro a observarme.

La respuesta lo desconcertó. Le habían dicho que los portugueses eran ásperos como el viento que llegaba siempre a las costas del fin del mundo, pero la reina rezumaba también una dulzura exquisita, como pocas veces había notado. No duraron mucho esos pensamientos. Nada más bajar la escalera que conducía al claustro tropezó con la realidad del monasterio. El padre Bernat ayudaba a un joven monje súbitamente indispuesto.

—Ha empezado a toser y se queja de dolor en la garganta, maestro Aloi —le dijo el antiguo caballero—. ¿Creéis que es la enfermedad del diablo?

—Dejadme ver —se interesó el escultor, acercándose.

El monje obedeció y Aloi retiró los hábitos con mucho cuidado. Le inspeccionó el cuello y lo que vio no le gustó en absoluto. Aquel hombre tenía una gran buba redonda y purulenta. Al acabar el examen, se dirigió intuitivamente a la fuente y se lavó las manos.

—¿Por qué os laváis las manos? Aún no es hora de comer —dijo el padre Bernat, que atribuyó tanta higiene a las manías de quienes han viajado demasiado por otras tierras.

—No hay duda, este monje ha cogido la enfermedad —respondió Aloi sin prestar atención a las palabras del padre Bernat—. Más vale que lo llevéis al dormitorio.

Pero el joven ya había desaparecido y en el claustro ni siquiera estaban los pájaros que en otra época venían a beber despreocupados a la fuente. El padre Bernat se fue camino de la iglesia en busca del enfermo y Aloi sacó de debajo de sus ropas el cuaderno y la cajita de madera donde guardaba una pluma de oca y un frasco de tinta de color violeta.

Dejó registrado en el cuaderno su encuentro con la reina; apenas unas pocas palabras, ya que gran parte de las anotaciones de aquel día tienen que ver con la nostalgia que le provocaba la ausencia de su familia.

IX

Mi costumbre de dormir sobre el lado derecho me ha jugado una mala pasada. Acepté quedarme en la habitación de Beatriu Casal, pensando que habría cogido una con dos camas. Hoy en día es poco frecuente en los hoteles, pero me encontré con una cama de matrimonio. El hecho de escoger el lado más alejado de la ventana me obligó a girarme hacia la izquierda. Entre la inmovilidad autoimpuesta y la postura, nada habitual, he dormido muy poco. Por momentos pensaba qué pasaría si me acercara a Beatriu con naturalidad. ¿No estaba insinuando algo cuando dijo que no me asustara pero que ella tenía la costumbre de meterse en la cama totalmente desnuda?

La oportunidad de la situación, fuera o no real, ha quedado atrás. Son las nueve de la mañana y, aún cubierto hasta las cejas con las sábanas a pesar del caluroso día de verano que se anuncia, oigo el agua golpear contra su cuerpo, casi como si estuviera delante mirándola. Estoy convencido de que ni siquiera se ha molestado en cerrar la puerta del baño. Me digo que tengo que darme prisa en saltar de la cama y poner los pies en el suelo, además de unos pantalones que me permitan hacer el trayecto en cuanto ella acabe. ¿Será que la vida de investigador me ha hecho olvidar que hay otras partes de mi humanidad que también merecen atención?

Estos sustos cotidianos pasan pronto. Tomamos un pequeño desayuno en el comedor y poco después nos despedimos de Sonia, la encargada del hotel, quien acaba una breve conversación con Beatriu guiñándole un ojo.

Una vez dentro del Volkswagen Golf pienso que el coche le pega mucho a su indumentaria. Por cierto que no ha cambiado mucho con respecto a la del día anterior, a excepción de las zapatillas de deporte que han sido sustituidas por unos mocasines de color rojo.

Aun siendo verano el Golf ha tardado en arrancar, pero finalmente salimos hacia Poblet. Es un trayecto corto porque enseguida divisamos el magnífico cimborrio gótico que corona la iglesia y el muro que circunda las diferentes partes en que se ha ido dividiendo el recinto.

—¿Eso es Poblet, no? ¡Es fantástico! —Se me escapa con toda la inocencia de la que soy capaz.

—¡No me digas que nunca habías estado! ¿Qué clase de especialista en la Edad Media eres tú? —la pregunta me deja tocado, aunque no parece ir con segundas.

—Pues lo lamento, pero me temo que uno muy poco viajado. Pensaba que ya lo sabías.

—Bueno, hoy lo solucionaremos. No el hecho de que seas una rata de biblioteca, porque es evidente que para eso no hay remedio, pero al menos conocerás un poco el monasterio.

—¿Crees que nos quedará tiempo? Tenemos que buscar el libro del maestro de obras.

—Eso depende, Enric. ¿De qué?, me preguntarás. Pues de la voluntad de los monjes. Habrá que montar una estrategia para llegar hasta el objetivo.

Dicho eso, se queda callada y me señala una pequeña explanada que sirve de aparcamiento exterior. Muy cerca hay una puerta barroca que da acceso al primer recinto. A pesar de las novedades que me rodean, me quedo pensando en lo que ha dicho sobre los monjes. En efecto, no siempre te reciben con los brazos abiertos cuando investigas. Me ha pasado a menudo ir con la franqueza por delante y salir sin haber consultado lo que quería.

—Entonces, ¿cuál será nuestra estrategia? —le pregunto mientras ella aparca entre dos coches de gran cilindrada.

—Cosas generales, Enric. Buscamos información sobre el papel de la Iglesia en la agricultura de la Baja Edad Media y bla, bla, bla...

El Golf viejo parece un pariente más que pobre ahí encajado entre el Audi A4 de tracción total y el Mercedes CLK. Una vez más me pregunto por qué sé tanto de coches si ni siquiera tengo carné de conducir. La estrategia que propone Beatriu parece adecuada. Nada más cruzar la puerta barroca nos encontramos con un monje que nos invita a pasar a la tienda-bodega y tomar un vino. Es el nuevo marketing de la espiritualidad.

Nos excusamos sin demasiado entusiasmo y vamos hasta el segundo recinto. Al lado de la puerta está la librería del monasterio. Mi intención de entrar queda cortada de inmediato por Beatriu.

—Mejor no, Enric. Quizá más tarde. Si no nos damos prisa será difícil que alguien nos haga caso.

Indudablemente ella sabe mejor que yo cómo funcionan estos lugares hoy en día.

Al cruzar al otro lado el recinto es mucho más extenso. Hay pequeños jardines, cuatro bancos, un crucero y una fuente. Y también un edificio gótico convertido en pura ruina. Al fondo, integradas en un gran muro, están la puerta de la iglesia, una poco atractiva mezcla de estilos posmedievales, y otra puerta que, según me explica Beatriu, es la habitual de las visitas. Nos dirigimos hacia allí para comenzar lo que ella ha descrito como la parte más difícil.

Todo indica que va a ser así. La chica que hay en una pequeña librería interior nos informa ya de entrada que acceder a la biblioteca es muy complicado y, acto seguido, nos da una tarjeta de visita con el teléfono del monasterio.

—Lo mejor sería que llamaran para pedir una cita —dice con amabilidad impostada.

—Sí —replica Beatriu—, pero no lo haremos. Mi compañero ha venido de Salamanca sólo para poder consultar unos libros y no sería educado decirle que espere a otro día.

Me escabullo y acabo en el patio interior. A través de la puerta veo cómo mi compañera insiste hasta que la chica sale de la librería con cara de vinagre. Cuando desaparece en el interior del monasterio, Beatriu aparece por la puerta con una sonrisa de oreja a oreja.

—Le he dicho que eres catedrático de historia medieval en Salamanca. Eso siempre queda bien, es una plaza fuerte de los saberes clásicos.

—¿Crees que era necesario?

—Tu, calla —dice, seria—, y no me hagas quedar mal, ¿vale?

—Por supuesto. Sacaré mi mejor acento castellano.

—Eso espero —responde, adoptando de nuevo su actitud más adusta, la misma sin duda que no ha podido doblegar a la chica de la librería.

Pocos minutos más tarde la chica vuelve a entrar en escena, pero esta vez lo hace en compañía de un monje de mediana edad que nos mira con desaprobación, informado sin duda de la actitud poco obediente de Beatriu.

—Soy el padre Robert. Me han dicho que necesitan información —nos saluda el monje que, según parece, quiere ir al grano.

—Más que información —se adelanta Beatriu—. Mi compañero

Enrique Grado quiere consultar los archivos del siglo XIV. Está estudiando el papel de la Iglesia en el desarrollo de la agricultura en la Baja Edad Media. Se trata de una colaboración interuniversitaria entre Salamanca e Iruñea, es decir, Pamplona.

—Ya sé qué ciudad es Iruñea, señorita. Allí me licencié en teología.

—Me lo ha parecido, por su estilo —responde Beatriu, dejándome helado.

Pienso en intervenir antes de que lo estropee todo, pero a punto estoy de romper a reír. Lo de Enrique Grado y la controversia sobre Iruñea me han dejado perplejo. Por fin, el monje hace una señal de aprobación a la chica que nos cerraba el paso y nos invita a entrar por una puerta que aún no habíamos visto.

La conversación entre Beatriu y el monje va subiendo de tono pero yo me resisto a intervenir. Además, estoy convencido que me traicionaré y hablaré en catalán sin darme cuenta. Después de atravesar varios pasillos que ni utilizando la técnica de las migas de pan de Pulgarcito podría desandar, llegamos a la biblioteca. Es una sala grande con muchas columnas centrales que nos impiden ver algo del interior.

El bibliotecario se planta en la puerta con actitud poco amistosa. Parece que diga: pues si no me explicáis exactamente cuál es el motivo de la consulta, no entraréis. Beatriu está a punto de abrir la boca y pienso que ésa es mi oportunidad, que ya es hora de hacer la pregunta por la cual estamos en Poblet, y dejarnos de circunloquios.

—*En realidad mi investigación se centra en un libro del cual he tenido noticia recientemente* —me aventuro en castellano negándome a mirar la reacción de Beatriu.

El monje debe de ser miope porque cierra los ojos cuando le hablan, o puede que así le entren mejor los conceptos en el cerebro.

No me cae bien, y es más que probable que yo a él tampoco. Beatriu me ha dado un par de pellizcos en la espalda y he tenido que tragar saliva para que no se me note.

—*¿De qué libro hablamos?* —pregunta el monje, lacónico y poco dispuesto a colaborar.

—*De una crónica personal escrita por el maestro de obras de Pedro el Ceremonioso, el francés Aloi de Montbrai.*

Sonará a tópico, pero reacciona como si hubiera oído hablar del demonio. Sus ojos cambian la curiosidad por la preocupación y todos los músculos del rostro anguloso y enjuto están ahora en alerta. Ya sé que es una metáfora fácil dado el entorno en que transcurre la escena, pero es la que me resulta más acertada.

Si antes nos cerraba el paso a la biblioteca con cierta discreción, ahora cubre totalmente la entrada como un guardián celoso de su trabajo.

Se me ocurre que estoy sacando las cosas de quicio y, por un instante, intento revisar mentalmente la información que tengo del escultor medieval. No encuentro ningún elemento que justifique su reacción. Aloi de Montbrai, o el Maestro Aloi, como también le llaman en algunos estudios, realizó un buen número de trabajos por encargo de Pere el Ceremonioso y, antes de hacerlo en Poblet, destacan las diecinueve estatuas de nobles y reyes que hizo en el Saló del Tinell del Palau Reial de Barcelona, fechadas alrededor de 1337.

Puesto que el padre Robert no acaba de digerir la pregunta, ahora es Beatriu quien se siente justificada a intervenir.

—Si pudiésemos consultar la crónica del maestro Aloi le estaríamos muy agradecidos. Enrique ha hecho muchos kilómetros con ese propósito —apunta, un tanto resignada al estilo directo que he imprimido a mis palabras cargándome por completo sus recomendaciones.

—Pero no hay una crónica de ese escultor en la biblioteca del monasterio. Se lo puedo asegurar. He estudiado suficientemente el tema, y tampoco tengo ninguna noticia de su existencia. Será fruto de la inventiva de algún historiador romántico o, sencillamente, una equivocación —dice, tratando de aparentar seguridad, pero sin que el tono de su voz resulte creíble.

Beatriu me dirige una mirada muy directa. Sé que está a punto de decir alguna barbaridad, pero puede que también empiece a desconfiar de la existencia de la crónica. ¿Qué noticias tenemos de ella a parte de la referencia un poco oscura en las notas de Domènech i Montaner?

—Lo entiendo, lo entiendo, pero no se puede saber todo —intervengo—, quizá mirando con calma los documentos sobre el escultor...

—En Poblet estamos al corriente de todo lo que se ha publicado en relación con el monasterio —dice el monje, que a cada minuto que pasa parece más incómodo, mientras nos invita con los brazos abiertos a retirarnos hacia la salida, y añade—: Lamento mucho no poder ayudarlos.

Pienso en lo extraña que es esa actitud de superioridad en un religioso, pero comprendo que no hemos venido en el mejor momento o que hay algún inconveniente que se nos escapa. Beatriu me coge y me invita también a salir. Por como me presiona el brazo adivino que ya está harta del bibliotecario.

—¿Pero no habíamos quedado en que veríamos un poco el monasterio? —pregunto a Beatriu mientras atravesamos el claustro y siento la mirada escrutadora del monje a mis espaldas.

—Sí, sí, pero creo que esto no tiene mucha solución. Tengo la impresión que, si es cierta la existencia de esa crónica, no será fácil llegar a ella. Es el momento de hacer una visita a Guillem Rosa. Espero que no le haya pasado nada, porque los setenta ya no los cumple.

—¿El ex abad del que me hablaste? ¿Pero no vive en Vallbona? ¿No nos queda demasiado lejos? ¿No sería mejor ir a la dirección del monasterio y presentar una queja?

Las sensaciones son contradictorias. Por un lado me siento a gusto metido en esta historia con Beatriu; bastante a gusto, diría yo. Por otro lado, la falta de costumbre de vivir fuera de casa me provoca angustia permanente. Si le prestara atención, seguramente saldría ahora mismo por la puerta del monasterio y volvería a Barcelona a pie. Pero meterse de lleno en una investigación implica alguna que otra servidumbre y entiendo que ella tiene más razón que un santo. Nunca mejor dicho, ¿no? Algo huele mal aquí, aunque podría tratarse, así de fácil, del exceso de celo de un bibliotecario maniático.

—¡Por favor, Enric! ¿Cómo quieres que responda tantas preguntas a la vez? Guillem Rosa vive en Vallbona y sí, es un monasterio de monjas, pero él se encarga de atender la tienda. Y no queda demasiado lejos. Ahora bien, si sólo funcionas por la mañana podemos volver a Villa Engracia y te quedas esta noche.

Consulto el reloj del móvil y veo que no son más que las doce y cuarto del mediodía. No hay duda de que queda tiempo más que suficiente para ir a Vallbona y visitar al ex abad amigo de Beatriu. Pero ¿será un paso efectivo?¿No estaré empezando a obsesionarme con este asunto?

—En cuanto a tu última pregunta —continúa Beatriu, que ha adquirido un tono decidido y firme en la voz desde que cruzamos la puerta principal—: no podemos ir a dirección a presentar una queja porque esto no es una tienda de las Ramblas; aquí los asuntos de Dios toman su tiempo.

—Comprendo, y lo siento.

—No te fíes de los hombres que se disculpan a cada momento, decía mi abuela.

—Beatriu, por favor, sólo es una disculpa de circunstancias, quiero decir que me cuesta un poco entrar en este juego.

—Pues bienvenido a la vida, querido profesor.

¿Me está tratando como a un imbécil? A veces no es fácil pillarle la ironía a esta mujer menuda y guerrera. Pero siento que me arrastra irremediablemente y tampoco sé en qué dirección. Entramos en el coche después de recorrer a paso rápido los diferentes recintos del monasterio y me echa encima el mapa de carreteras.

—Toma —dice—. Hace tiempo que no voy y se trata de no perder demasiado el tiempo, no vaya a ser que te dé un ataque de *ruralofobia.*

—A la orden, capitana —respondo mientras abro el mapa para buscar la carretera más adecuada, pero inmediatamente la broma me hace sentir ridículo.

Segunda parte

X

La reina está enferma! —dijo el padre Serafí una semana más tarde mientras Aloi intentaba encontrar un lugar preeminente para los sepulcros en el interior de la iglesia.

El maestro de obras se quedó mirándolo con incredulidad. Había asistido a muchos episodios parecidos, pero su corazón le decía que aquél tendría graves consecuencias. Desde que había cruzado aquellas palabras con la reina en el claustro alto se limitaba a observarla de lejos. No sabía por qué había adoptado esa actitud y se esforzaba en hacer su trabajo, una tarea cada vez más difícil por la montaña de obligaciones que el rey había ideado para él.

Pere el Ceremonioso, demostrando su inteligencia, mandaba un monje joven a Milmanda cada dos o tres días. Con la excusa de supervisar el estado de las cosechas, el enviado volvía con noticias de la familia del maestro Aloi y, por orden del rey, se apresuraba a comunicárselas. Hasta entonces, ninguno de los habitantes de la granja había enfermado y la esposa del escultor pasaba buena parte del día ayudando en la cocina, además de provocar la locura de algunos hermanos legos que llevaban tiempo sin tener cerca una mujer tan ordenada y decidida.

A cambio de esta iniciativa pensada para la tranquilidad del maestro de obras, el soberano le discutía en reuniones interminables los bocetos de los Panteones Reales y Aloi los rehacía continuamente. Ninguna idea parecía complacer del todo a Pere el Ceremonioso, y sin proyecto con el que trabajar de nada servían los artesanos. Por ese motivo, la ansiada salida a l'Espluga que iba a permitirle pasar por Milmanda se retrasaba cada vez más. La piedra virgen de Besalú había llegado, pero sin pasar del primer patio del monasterio. Con excepción de Aloi, que a veces por las noches se tumbaba encima y pasaba el dorso de la mano por las rugosidades, deseoso de darle los primeros golpes de martillo y utilizar su cincel preferido, nadie se atrevía a tocarla.

El rostro desencajado del monje no extrañó a Aloi. A las ansias del rey por normalizar la situación en Poblet y poder concentrarse en los Panteones había que añadir una misiva cuyo contenido se desconocía. El padre Serafí explicó al escultor que Pere el Ceremonioso adelantaría su viaje a Barcelona, previsto para el mes siguiente. Si la reina se había infectado, la situación podía volverse insostenible.

—El rey ha pedido al señor de Tolosa que haga venir a su médico personal, pero no ha llegado —dijo el monje—. Tenéis que ir a ver a la reina, maestro Aloi.

—Pero yo no puedo… ¿Cómo voy a tocar a la reina? ¿Qué dirá el rey?

—Ya me he ocupado de ello. El padre Bernat lo entretendrá durante un par de horas. ¡Es más inteligente de lo que creía, ese viejo caballero! Le ha pedido consejo sobre la mejor manera de enfrentarse a la elección de abad que tendrá lugar mañana. Y así, se lo ha llevado a pasear al campo. Los he visto salir; el rey iba satisfecho ante la oportunidad de aconsejar a un miembro de la Iglesia.

—Lo celebro —respondió Aloi, aún con dudas—. Pero ¿qué pensará ella?

—Es la reina Leonor quien ha preguntado por vos.

—No perdamos más tiempo entonces. Vendréis conmigo, supongo.

La respuesta del padre Serafí fue una sonrisa no exenta de preocupación, pero tan amistosa que Aloi se tranquilizó. Enseguida se situaron delante de la antigua estancia del abad Copons y llamaron a la puerta, que se abrió sólo un poco, lo suficiente para que el padre Roger asomara la cabeza. Era uno de los escasos monjes mayores que no permanecían enfermos en el dormitorio y el padre Serafí le había pedido que se encargara de ayudar al aya de Leonor. Ésta se hacía llamar señora de Gastão y Uriarte, y era una anciana arrugada y pequeña como un colibrí. Siempre con cara de vinagre, daba la impresión de que su cuerpo se movía al ritmo de su pensamiento, que era lo opuesto a un remanso de paz.

—Podéis pasar —dijo el padre Robert con un hilo de voz mientras abría la rendija necesaria para que Aloi pudiese entrar—, la reina duerme.

En efecto, la reina dormía, protegida en todo momento por la presencia de la señora de Gastão, a quien el escultor, sin entender muy bien por qué, veía como una intrusa. No había contado con ella y esperaba que no pusiera demasiadas objeciones. El interior estaba lleno del humo de los braseros que la reina había exigido a pesar de estar en verano. Aloi pensó que iba ahogarse, que aquella mezcolanza de olores, a enfermo, a carbón quemado, a cerrado, no podía ser buena.

Volvió a la puerta de entrada y, sin hacer caso de la oposición del aya, la abrió de par en par. Una explosión de luz procedente del claustro inundó la estancia y mostró al médico improvisado toda la suciedad acumulada. Pero la reina, que se despertó con el ruido de los goznes oxidados, yacía en la cama, ajena a su entorno. Bajo la capa de piel de raposa que la protegía emergían unos hombros perfectos y un largo y blanquísimo cuello que los conectaba con su rostro. Aloi se había quedado cautivado al verla por primera vez, pero ante aquel signo de pureza se sintió profundamente cohibido.

—¿Sois vos, maestro Aloi?

—Sí, señora —respondió el escultor, contento de que estuviera despierta—. El padre Serafí dice que no os encontráis bien. Contadme, por favor.

—No sé qué me pasa. La cabeza me da vueltas y me duele todo el cuerpo, como si hubiera estado montando un caballo salvaje.

Aloi sonrió con la comparación de la reina. Su aspecto frágil y su habitual palidez no congeniaban demasiado con una cabalgada. Buscaba la forma de examinarla sin importunarla, pero no se le ocurría nada, y además la presencia del aya portuguesa le impedía pensar. El padre Serafí, consciente de la barrera que suponía aquella mujer, se la llevó a un rincón con autoridad eclesiástica. Entonces, Aloi optó por enfrentarse al problema sin ambages .

—Disculpadme, majestad, pero ¿tenéis alguna herida en las axilas o en las piernas?

—No lo sé —dijo ella complicando aún más la labor de Aloi—; quizá picores, me pica todo el cuerpo.

—Sabéis que la única manera de comprobar si estáis infectada es examinándoos, ¿verdad? —Se arrepintió de sus palabras, pero a la reina no parecía preocuparle esa posibilidad.

—Podéis hacerlo, maestro Aloi. El padre Serafí asegura que sois el único hombre del monasterio que sabe de estas cosas —dijo la reina, abriendo los brazos que hasta entonces había mantenido cruzados sobre el vientre.

El escultor se acercó a la cama con no pocas dudas. Oía como el padre Serafí se esforzaba en convencer a la señora de Gastão para que se mantuviera al margen. Con todo el respeto de que era capaz, Aloi levantó la capa que la cubría y vio que el cinto ya no cerraba la túnica real. Obligada por la firmeza del monje, el aya ayudó al escultor a desabrochar el vestido de Leonor hasta que llegaron a la última pieza, un camisón de lino en el que se marcaban las jóvenes formas de su cuerpo. Para no prestar atención a aquellas inesperadas transparencias, avanzó un paso hacia la cabecera de la cama y le examinó el cuello. No había señal de bubas, sólo unos arañazos que probablemente se había hecho ella misma para calmar los picores.

Con aquel movimiento, Aloi había quedado situado justo ante la mirada de la reina. Tenía unos ojos grandes y de un azul más bien oscuro, como el mar en un día de tormenta. Aparentemente Leonor se había desentendido de las personas que inspeccionaban su cuerpo, pero el escultor descubrió que no era así. Aquellos ojos lo miraban fijamente con una intensidad desconocida y, según le pareció, contenían una sonrisa.

Desconcertado, percibió una gota de sudor que corría desbocada, amenazando con caer sobre el pecho de la reina. Se llevó el brazo a la frente y pidió vagamente disculpas. Sentía sobre él la autoridad del padre Serafí, y lo que tal vez no era otra cosa que curiosidad él lo interpretaba como una vigilancia extrema y pudorosa.

Cerró los ojos durante unos instantes para coger fuerzas y, al abrirlos, se dijo a sí mismo que cuanto más lo retrasase más difícil le resultaría. Pidió a la reina que retirara la manga para poder observar la axila. Era blanca, sin mácula; anidaba en ella un pelo de color canela que transmitía suavidad. Aloi vislumbró por un instante su seno derecho, de una delicadeza abrumadora y trémula.

La primera vez le había parecido una mujer fuerte y decidida a pesar de su juventud. Ahora, viéndola tan desvalida, a merced de aquel saber que él representaba en el monasterio, el escultor tenía dudas muy serias sobre la moralidad del examen. Pensaba que era totalmente injusto someter el futuro de la reina a sus escasos conocimientos, que no pasaban de ser los de un observador, los de un hombre que la mayor parte del tiempo se limitaba a mirar para así captar imágenes que después utilizaba en sus mundos de piedra.

Se volvió instintivamente hacia el padre Serafí, quien le indicó con un gesto que continuase. Pero el siguiente paso era demasiado atrevido para plantearlo de cualquier manera.

—Si lo preferís, el padre Serafí, como religioso, os puede examinar las piernas —dijo mientras el monje se alejaba al oír la propuesta llevándose al aya agarrada del brazo.

—No, por favor. Entiendo y agradezco vuestras reservas, pero necesito saber —respondió la reina con decisión.

Aloi, sorprendido por la madurez de Leonor, levantó la túnica hasta dejar al descubierto las piernas finas y perfectas de la reina. Pero no se atrevió a subir más. Su juventud era insultante. Quería convencerse de que estaba llevando a cabo el examen como si la reina fuese su propia esposa. Pero todo lo desmentía. Fue ella quien, con un movimiento inesperado, le acabó mostrando su cuerpo.

—Sed rápido, os lo ruego —pidió la reina, avergonzada, pero Aloi había cerrado los ojos—. ¡Maestro Aloi! ¡Dudo que podáis examinar nada si no miráis!

—Os pido que me disculpéis.

El escultor no sabía muy bien cómo proceder. Se lavó en el aguamanil que el aya había dejado sobre la cama, cogió aire y se aventuró por la anatomía de la reina. Su vello púbico era del mismo color que el de sus axilas, pero ahí se enroscaba sobre la piel y le recordaba los zarcillos de la uva tierna. El fuerte hedor de la estancia se fue desvaneciendo a medida que la distancia entre ellos dos se hacía más corta, hasta que el aroma del almizcle y el espliego le enturbió los sentidos. No había, sin embargo, ningún rastro de la enfermedad. Leonor no tenía ni una sola marca que delatara la plaga. Aloi de Montbrai pensó que era como si Dios hubiese querido dejarles una muestra de su poder sobre los mortales, como si hubiese establecido que ella era especial y nada podía contaminarla.

Aloi y el padre Serafí respiraron aliviados al salir de aquella estancia al tiempo que el aya se apresuraba a cubrir el cuerpo de la reina. Pero ninguno de los dos hombres estaba presente para interpretar la sonrisa que llenaba los ojos de Leonor.

—Yo he cumplido, padre Serafí. La reina no aparenta tener nada preocupante. Pero ahora quiero que me hagáis un favor: seréis vos quien le cuente todo esto al rey Pere.

—Me parece justo, maestro Aloi. En cuanto terminen sus funciones de consejero de abades —dijo el monje con ironía—, le haré saber que la reina tiene una indisposición pasajera.

Aloi se marchó satisfecho. Necesitaba olvidar la amabilidad de la reina, su seno blanco, los nervios que había pasado durante el examen de sus partes más íntimas. Con decisión, fue hacia el calefactorio, donde le habían permitido instalar una mesa para poder extender los bocetos de las futuras tumbas. Pero ni siquiera llegó a echarles un vistazo. Cogió su cuaderno de notas, que estaba escondido en un agujero interior de la chimenea, le quitó la piel de conejo que le servía de protección y, con él en las manos, salió al claustro.

Ninguna de las informaciones que tenemos dan noticia sobre el contenido de la conversación entre el rey Pere y el antiguo caballero Bernat de Palau durante su paseo. Sabemos que a la mañana siguiente se celebró la elección del padre Bernat como nuevo abad de Poblet y que aquel día no se presentaron nuevos casos de peste, a pesar de las condiciones favorables al contagio que debían de darse en el dormitorio de los monjes, con aquella mezcla de sanos y enfermos.

Poco después de la elección, y al acabar una larga conversación a puerta cerrada entre el rey, el nuevo abad y el padre Serafí, Aloi fue llamado a la sala capitular.

—Maestro Aloi —empezó a decir el padre Serafí mientras los demás esperaban la reacción del escultor—: el rey partirá mañana hacia Barcelona pero hemos acordado que el monasterio haga todo lo posible para facilitar al máximo vuestro trabajo. Al rey le gustaría poder consultar un boceto definitivo de los Panteones a su vuelta.

—Haré todo lo que esté en mis manos para que así sea —respondió Aloi, sin llegar a comprender los motivos de una reunión tan solemne para insistir en un encargo sobre el cual ya había hablado con el rey anteriormente.

—Pero hay otra cosa —intervino de repente el nuevo abad al tiempo que Aloi se ponía en guardia—: el rey os estará muy agradecido si dedicáis una atención especial a la enfermedad de la reina. Nos han avisado del obispado de Tortosa que enviarán un médico, pero allí hay un foco muy virulento de pestilencia y no sabemos con certeza cuándo llegará.

—Yo no soy médico, majestad —dijo Aloi dejando a un lado el protocolo y dirigiéndose directamente al rey, hecho que no complació a Pere el Ceremonioso—; pero en vuestra ausencia haré todo lo que haga falta por el bienestar de la reina Leonor. Si está en mis manos, claro está.

—A bien seguro que encontraréis la manera, maestro Aloi —el nuevo abad intentaba desempeñar su papel lo mejor que sabía—. Ahora mismo, la prioridad del monasterio es continuar con las obras que el abad Copons dejó inacabadas, pero como bien supondréis los deseos reales deben anteponerse.

Aloi comenzaba a arrepentirse de haber seguido la voluntad del rey al pie de la letra. En aquellos tiempos no habría pasado nada si su llegada a Poblet se hubiese retrasado algunas semanas, incluso unos meses. Los caminos eran peligrosos, la plaga se extendía por toda la cristiandad y si alguien no estaba en su sitio se le buscaba rápidamente un recambio. Pero lo único que podía hacer en aquellas circunstancias era seguir las indicaciones del rey y someterse a su voluntad.

¿Por qué quería desaparecer? Pensó en acercarse a Milmanda y comprar un par de caballos que le permitieran huir de la influencia real, de aquellos monjes fanáticos que, aun viéndose diezmados por una terrible enfermedad, sólo pensaban en edificar iglesias. Pero era su trabajo, y sabía que si renunciaba lo pagaría muy caro ahora que el rey iba consolidándose en el trono y extendía sus dominios. Sus experiencias en Francia no habían sido más satisfactorias y, por el bien de su hijo, se había prometido instalarse en Barcelona, cuando los Panteones Reales estuviesen acabados.

Pero visto lo que estaba sucediendo, eso podía tardar muchos meses, incluso años, y Aloi sopesaba si era lo más conveniente para el futuro de su familia.

El escultor pasó el resto del día trabajando en su estudio improvisado. Cuando las primeras oscuridades le recomendaron encender las velas vio claramente en qué había ocupado el tiempo de una forma casi inconsciente. Sobre la mesa, además de los dibujos para la obra de los Panteones Reales, podían verse los de otras estatuas que mostraban una semejanza notable con la reina Leonor. Turbado por el descubrimiento, Aloi reunió los papeles y los guardó entre todos los bocetos que el rey había rechazado.

XI

Después de pasar por Blancafort y otros pueblos parecidos, todos transmiten la misma sensación decadente y polvorienta, llegamos a Vallbona de les Monges. Beatriu tiene un puñado de informaciones interesantes sobre el lugar y no para de hablar...

—Piensa que esto no siempre fue un convento de monjas. En los comienzos de la comunidad se agrupaban hombres y mujeres al amparo de la Regla de San Benito.

—San Benito de Nursia. Vivió entre los siglos V y VI y redactó la Regla que fundamenta la orden benedictina —respondo, para que vea que no me chupo el dedo—. Ésa es la fuente de inspiración de muchas comunidades religiosas, entre ellas el Císter, claro.

—Te veo muy puesto en historia de la Iglesia —dice Beatriu de forma rutinaria.

—Soy licenciado en historia medieval, ¿recuerdas?

—Ya, pero en la universidad no explican muchas cosas, con lo cual también es cierto que te arrastras por las bibliotecas y los archivos. Me juego el cuello a que no sabes nada de este pueblo.

—Te escucho —¿qué otra cosa puedo hacer?, pienso.

—Pues debes saber que hacia 1175 los monjes se fueron a Poboleda y durante casi cuatro siglos sólo estuvo habitado por monjas.

Esta región era una especie de selva pantanosa y solitaria. Perfecta, pues, para seguir las recomendaciones de san Bernardo: «Los cenobios deben instalarse en lugares muy alejados de las personas».

—Este san Bernardo es Bernardo de Claraval?

—Pues claro, puede que el hombre más importante en la expansión del Císter. Fue su gran impulsor y viajaba continuamente. Su pericia en la predicación era tal que lo apodaron Doctor Melifluo, que significa algo así como «boca de miel». Promovió el culto mariano y es uno de los fundadores de la mística medieval. Pero déjame que siga con la historia de Vallbona... Cuando en 1563 el Concilio de Trento decide...

—No te cortes. Estoy convencido de que también sabes la fecha exacta de la decisión —reconozco en Beatriu el estilo del profesor Badia y siento nacer en mi interior una gran carcajada.

—Si así lo deseas. El cuatro de diciembre de 1563, ¿vale? —ni pestañea, pero tal vez sea porque no aparta la vista de la estrecha carretera—. El Concilio ordena que las comunidades de monjas no pueden estar en lugares solitarios por los peligros que corren. Se intentó que los habitantes de Vallbona abandonasen el monasterio. Pero esta vez las religiosas fueron muy listas. Consiguieron que los vecinos de poblaciones cercanas, como Montesquiu, se instalasen alrededor del monasterio, y eso dio origen al pueblo de Vallbona.

—Una rebelión de mujeres en pleno siglo XVI. Ya me parece bien, aunque sea más espiritual que otra cosa. ¿Qué tiene que ver eso con la investigación que nos ocupa? —digo un poco aturullado por la salvaje memoria enciclopédica que puede desplegar Bea—. Te recuerdo que nuestros problemas son mucho más mundanos: un asesinato que quizá la Historia ha mantenido oculto y una crónica que no sabemos si es un invento de Domènech i Montaner o qué, pero de cuya existencia nadie quiere dar fe, según parece.

—Todo tiene que ver con todo, Enric —dice, mientras, por primera vez aparta la vista de la carretera y puedo distinguir sus pupilas oscuras a la luz intensa del mediodía—. Piensa que la Edad Media es una época compleja, pero de alguna manera la religión articula, y quizá sea lo único que lo hace, unos Estados europeos en guerra permanente. Además, la Iglesia es la depositaria de la gran cultura, la que enlaza con los griegos y los romanos, y nos transmite una gran parte de la sabiduría de los antiguos.

Estoy a punto de decirle que para mí ése es un discurso conocido, que no responde a mi pregunta, pero paso por alto su paseo por asuntos tan generales e intento que pise tierra firme. Entramos en Vallbona de les Monges, una población que parece confiar toda su belleza al monasterio, enclavado en medio de las casas, posiblemente con la misma estructura urbanística que en el famoso 1563.

Mientras caminamos por la calle principal siguiendo las indicaciones que nos llevaran al recinto, expreso mis dudas.

—¿Y por qué crees que este abad nos puede ayudar en la investigación si, como dices, ha sido desterrado y privado del acceso a documentos y libros? —pregunto mientras ella da un grito de alegría al ver la cantidad de plazas de aparcamiento libres.

—Como puedes ver, este monasterio no tiene la afluencia de visitantes de Poblet. Es un buen lugar para el destierro. —Salimos del coche y, después de cerrar con llave, algo poco habitual habida cuenta de que ahora todos los coches tienen mando a distancia, se queda unos segundos mirándome con el techo de por medio—. Guillem Rosa ha sido uno de los abades más cultos que ha tenido Poblet. Es increíble cómo conoce de memoria hasta el más pequeño detalle de la historia del monasterio, y yo diría que algo muy parecido pasa con los libros y códices que ha tenido en las manos.

Beatriu da por terminada la conversación, aunque no ha quedado nada claro el motivo por el cual Guillem Rosa ha caído en desgracia. Dejamos el coche y caminamos en dirección al recinto monástico. Quizá tiene razón y el tal Guillem es capaz de recordar la *Crònica d'Aloi*, si es que alguna vez la consultó; o, mejor dicho, si es que el escrito existe. Casi me convence con su fe ciega en ese monje y, por unos momentos, pienso que algo sacaremos de la visita.

El pueblo está prácticamente desierto con excepción de un par de jóvenes tomando una cerveza en el bar. Han dejado el coche abierto de par en par y del interior sale música máquina; el volumen excesivo casi convierte la plaza en una discoteca sin público. Beatriu, siempre delante, coge por el lateral de un enorme edificio y llegamos a una calle que conserva dos curiosos arcos voladizos.

Al entrar en el edificio hay un cartel escrito a mano con bastante mala letra que dice: «Visita al monasterio».

La puerta da a una gran sala rectangular con un mostrador largo a la izquierda y un sinfín de estantes a la derecha llenos de recuerdos y garambainas, y también de algunos libros, guías turísticas en su mayoría. La tienda improvisada recuerda la de Poblet, pero como si ésta hubiera hecho voto de pobreza. Parece vacía de almas piadosas, pero nada más entrar oímos una voz que podría salir de cualquier parte.

—Buenos días, amigos. Llegan un poco tarde. Cerraremos pronto.

—¿Es usted, padre Rosa? —dice mi compañera de aventura sin que yo sea capaz de distinguir nada aún.

—¡Beatriu, Dios Santo! ¿Eres tú?

Por fin veo la figura que habla desde el otro lado del mostrador, detrás del expositor de productos típicos: estampillas, llaveros, bolígrafos, casi todos con la imagen del monasterio añadida.

Sale rápidamente de su escondite. Es un hombre menudo, calvo, y no muy envejecido si realmente ronda los setenta; yo tengo mis dudas. Cuando se encuentran frente a frente, se funden en un abrazo intenso y respetuoso a la vez; como se abrazarían un padre y una hija que no se ven desde hace tiempo.

—Ven, Enric, que te presentaré —dice manteniéndose bajo la protección de la Iglesia, y enseguida se dirige al ex abad—. Éste es mi compañero de trabajo, y tenemos un montón de preguntas que hacerle, padre Guillem.

—Pero, hija mía, ¿cómo has sabido que vivo aquí? —pregunta el monje desconcertado, para luego responder—: ¡Ya sé, el profesor Badia! ¿Hay algo, quizá, que se le escape a ese granuja?

Beatriu da una amplia sonrisa como única respuesta. Yo asisto en silencio, como si violara un poco su espacio hecho de amistad y recuerdos. Pero, de repente, otra presencia invade la sala. He oído cómo entraba y su «Buenos días» más bien lacónico. Imagino que es un turista curioso que se ha perdido como tantos otros por esta «Ruta del Císter», como la han bautizado para sacarle algún beneficio económico.

Cuando presto más atención al visitante, veo que es un hombre de gran envergadura, vestido con tanta pulcritud que sorprende entre aquellas cuatro paredes. Por detrás se le podría confundir con un ejecutivo del Ensanche de Barcelona, pero en cuanto se da la vuelta se hace evidente el alzacuello y su condición de religioso.

Mientras Guillem y Beatriu siguen recordando los viejos tiempos no puedo evitar concentrarme en el hombre. Va de un estante a otro, hojea los libros, mira el precio de los souvenirs... Justo lo que haría yo si quisiera pasar inadvertido, me digo satisfecho de mi perspicacia.

—¡Enric! —interviene Beatriu guiñándome un ojo—. ¿Qué te

parece si hacemos una visita al monasterio? El padre Guillem tiene muchas ganas de enseñártelo.

—Claro que sí —respondo al tiempo que me desentiendo del visitante.

Pero el hombre del alzacuello reacciona de inmediato. Se acerca al ex abad y le muestra un papel que lleva en la cartera. Guillem Rosa lo acompaña a la puerta del claustro y le dice que puede pasar si lo desea. Nosotros lo seguimos, pocos segundos después. Beatriu me reprocha mi actitud despistada; dice que no tendremos otra oportunidad como ésa.

—¡De acuerdo, de acuerdo! Yo sólo quería ser respetuoso.

—Pues no es el momento, ¿vale?

—Mil disculpas, investigadora jefe —respondo, mientras ella continúa con el gesto enfurruñado.

Lo que primero me llama la atención del claustro es la diversidad. El ex abad no es indiferente a mi sorpresa y se esfuerza en hacerme comprender las diferencias entre las columnas y los arcos que delimitan el espacio…

A Beatriu la veo ansiosa con aquellas explicaciones, que sin duda ya habrá oído otras veces, pero a mí me complace que el monje me ofrezca sus conocimientos con tanta generosidad. Además, me digo que ya le toca quedarse un poco en segundo término, aunque no le resulte fácil.

—Algunos piensan que la abadesa de Copons era hermana de… —dice Rosa.

Pero mi nueva amiga es incapaz de soportar por más tiempo el aplazamiento del tema que nos ha traído a Vallbona de les Monges. Nos ha dejado siete u ocho minutos sin intervenir, todo un récord que rompe enseguida. Yo también me sitúo rápido; por interesantes que sean las historias sobre la evolución arquitectónica del claustro, el fantasma de Aloi de Montbrai nos persigue desde hace horas.

—Disculpe, padre Guillem, pero nos gustaría hacerle algunas preguntas sobre un personaje histórico que nos ha provocado un gran interés —le suelta Beatriu; el monje no se muestra muy sorprendido por la interrupción, será que la conoce bien.

—Ya me imaginaba que una discípula del profesor Badia no es capaz de hacer una visita sólo por amistad. —Y añade, ante la previsible respuesta de mi compañera—: Pero lo comprendo, para nosotros, los historiadores, cualquier oportunidad es la oportunidad. ¿Cuál es el personaje que tanto os interesa?

—Aloi de Montbrai —acabamos diciendo al unísono, y ahora soy yo el que sonríe.

—¿El escultor? Pero, ¿cuál es el motivo? —pregunta Rosa un tanto confusa—. Su trayectoria está bastante documentada, no es ningún artista de los que yo llamo invisibles.

Beatriu le explica lo que sabemos del maestro Aloi, su periplo por varias construcciones. Finalmente plantea la pregunta clave...

—Padre Guillem, ¿qué sabe de una crónica personal escrita por ese tal maestro Aloi?

—¿La crónica de Aloi? —el monje parece aún más confundido, pero ahora muestra un punto de nerviosismo que no entiendo.

—Sí, la crónica del tiempo que pasó en Poblet para esculpir los Panteones Reales —responde Beatriu, expectante, esperanzada, como si su confianza en la erudición de Guillem Rosa fuera inquebrantable.

—¿Cómo habéis sabido de ese escrito? —dice el ex abad.

El monje quiere saber demasiadas cosas, y no hay ninguna respuesta que sea rápida y buena a la vez. Ahora soy yo el que empieza a ponerse nervioso. Beatriu se abraza a una de las columnas del claustro, pero me da la impresión de que es una estrategia para no subir hasta el capitel y besarle el culo a la bicha que hay esculpida. Resignada, le cuenta toda la historia: su antepasado, los borradores del libro de Poblet, la nota perdida y, por supuesto, la muerte de Ricard. Esa última información hace aflorar en el monje una mueca de inquietud.

—Me estás diciendo que alguien ha llegado hasta el asesinato de un ser humano... —la de Rosa, más que una pregunta, es una reflexión.

Ninguno de los dos responde. De momento sólo es un dato, pienso. Mientras, Beatriu me mira con cara de pocos amigos, como queriendo decir que esta vez me tocaba a mí dar explicaciones. Pero me encojo de hombros y la dejo hacer. Para algo se ha atribuido desde hace horas el papel de investigadora jefe, ¿no?

—Padre Guillem, por el amor de Dios —casi le suplica Beatriu—, ¿tiene alguna noticia de la existencia de esa crónica?

—Pues sí, pero ya dudaba de que la tuviera alguien más.

Beatriu abandona el apoyo que le proporciona la columna y avanza decidida hacia el monje. Por el camino está a punto de atropellarme, pero la evito con un movimiento que a mí mismo me sorprende. Si ella ha reaccionado de forma tan física, me asusta que acabe chocando con el ex abad y lo haga caer; a mí, sus palabras me han dejado de piedra.

—¡Un momento! —dice Guillem Rosa, parando la ristra de preguntas que mi amiga va acumulando en la garganta.

Por unos segundos pienso que el monje quiere coger aire antes de responder la segunda parte del interrogatorio, pero pronto me doy cuenta de que hay otra razón. Su atención se dirige más allá de nosotros, hacia el fondo de la galería del claustro donde nos encontramos. Inmediatamente oímos unos pasos que avanzan deprisa, y consigo distinguir una figura detrás de las columnas. Beatriu ha tardado un poco más en darse cuenta, pero ya se ha puesto en situación y trata también de averiguar a quién persigue el monje con la mirada.

—Espere, padre, espere —grita Guillem Rosa, alargando el brazo como si quisiera señalar al fugitivo o pararlo con el gesto.

Pero no hay respuesta y los pasos dejan de oírse. El ex abad nos indica con la mano que lo sigamos. La galería contraria tiene una puerta abierta a la iglesia y penetramos decididos en el interior. Entiendo que vamos tras la sombra que acabo de ver, pero no me imagino por qué. Beatriu, que ha entrado la primera, busca entre los escasos escondites de la nave algún rastro del fugitivo, pero ni ella ni nosotros encontramos nada ni oímos ningún sonido nuevo.

—Debe de haber salido por la sacristía, no tenemos ninguna posibilidad —dice el monje.

—¿Pero a quién perseguimos? —pregunto intrigado.

—¿Habéis visto el personaje que ha entrado antes que nosotros? Me ha parecido que nos espiaba, que hacía todo lo posible por acercarse y oír la conversación —apunta Guillem Rosa.

—Sí, yo también lo he visto —asegura Beatriu, aunque yo no estoy tan seguro porque ella estaba de espaldas.

—Será mejor que sigamos hablando en mi celda —casi nos ordena el monje mientras camina decidido y vuelve a salir del claustro.

No sé si entiendo ese ir y venir como si fuésemos los protagonistas de una película de espías, pero cierro la comitiva. El monje acelera el paso y pronto desaparece por una puerta lateral que probablemente conduce a las celdas, Beatriu lo sigue muy de cerca, mirando a cada lado como si fuese su guardaespaldas. Yo, de repente, me quedo solo en medio del claustro. También miro a ambos lados de la galería antes de entrar tras ellos, contagiado por sus obsesiones paranoicas.

XII

Pere el Ceremonioso pasó buena parte del viaje pensando en la cantidad de problemas que le causaban los ciudadanos de Barcelona. La fortuna de ese patriciado urbano, que se había enriquecido con el comercio y la industria, era imprescindible para las empresas bélicas de los reyes. La vida en las ciudades, y poco a poco en las demás zonas el reino, fue pasando cada vez más por las manos de propietarios de tiendas, molinos y obradores.

El rey añoraba los tiempos que recordaban los cronistas, con la nobleza, el clero y los campesinos formando una pirámide feudal que la evolución de las ciudades estaba haciendo añicos. Los ciudadanos de Barcelona constituyeron un patriciado urbano culto y poderoso que, gracias a sus estudios y viajes, produjo juristas, médicos, administrativos, cuyos intereses chocaban a menudo con los de la Iglesia o la Corona.

Los viajes a Barcelona suponían un mal trance para el rey Pere. Sentía que allí era menos temido que en otros lugares, como si su presencia fuese prescindible, como si la ciudad fuese capaz de vivir su vida ajena al resto del reino. Y, a pesar de ello, los necesitaba. Ya no valía la pena hacer la guerra si detrás no había un objetivo comercial; había que contar con la gente de las grandes urbes y sus recursos monetarios.

—Supongo que nos hospedaremos en el monasterio de Valldonzella, como hemos hecho en otras ocasiones —preguntó al rey Arnau Durfort, un hijo de patricios convertido en caballero que solía servirle de enlace con los ciudadanos de Barcelona.

—Suponéis bien, amigo Durfort. Ya he dado el aviso. Vos también os podéis quedar, si os apetece —respondió el rey Pere, que tenía en muy alta estima sus servicios y esa vez lo necesitaba más que nunca—. Espero que vuestra familia me ayude a poner un poco de orden en esa locura que parece haberse instalado entre los ciudadanos. Si no conseguimos un tiempo sin conflictos será muy difícil continuar las obras en Poblet.

—Pero por lo que me habéis contado durante el viaje, la revuelta no sólo tiene que ver con los ciudadanos. La Iglesia también ha tomado cartas en el asunto y se ha puesto de su lado.

—Aún no se la puede considerar como una revuelta, y a la Iglesia dejádmela a mí, Durfort —respondió el rey, que estaba deseando entrevistarse con el arzobispo de Barcelona para pedirle explicaciones sobre su actitud.

Pere el Ceremonioso no quería mezclar los dos estamentos que habían generado la crisis. En otros tiempos, complacer a la Iglesia había sido una tarea fácil y le hubiera gustado consultar con el caballero Durfort la manera de atraer al obispo a su causa. Pero había asuntos sobre los que el monarca prefería reflexionar en solitario. Cierto era que podía ofrecer al obispo Ricomá tierras aún sin dueño cerca del río Ebro y una pequeña parte de los tesoros conseguidos en la guerra de Atenas.

Pero con los ciudadanos tampoco sabía qué actitud tomar. La exigencia transmitida de construir los Panteones Reales en la catedral de Barcelona, que había tomado un nuevo impulso durante la década anterior gracias a la intervención del anterior obispo, Ponç de Gualba, chocaba con su idea de descansar después de muerto en un lugar más espiritual, más próximo a la vida sencilla que, muy en el fondo de su corazón, el rey añoraba. Los ciudadanos no parecían dispuestos a ver cómo una obra con el prestigio de los Panteones Reales se le negaba a Barcelona, que, al fin y al cabo, decían, había colaborado a menudo en los sueños de su soberano con hombres y dineros.

El rey ya había tenido otros desencuentros con los ciudadanos. Quizá por eso no le sorprendían tanto como el que se había generado con la Iglesia. El obispo Miquel de Ricomà se posicionaba claramente a favor de la demanda; no se puede decir que secundara las amenazas veladas del patriciado urbano, pero la ausencia de una condena explícita angustiaba profundamente al rey. El caballero Arnau Durfort había aventurado que sin duda había algún motivo que se les escapaba, que en pocos días la Iglesia haría público su total acuerdo con el rey en la ubicación de los Panteones y las voces en contra irían perdiendo fuerza.

La tarea que lo había traído a Barcelona no era fácil, pero menos fácil aún era prescindir de su joven reina. El hecho de que se hubiera quedado en Poblet lo obligaba a volver. No hacerlo y dejarla en aquel recinto asolado por la plaga sería visto como un acto cobarde, indigno e impropio de su fama. Y ya había tenido bastantes problemas con las Uniones de Valencia y Aragón como para mostrar alguna apariencia de debilidad en Cataluña, y mucho menos delante de aquella ciudad que se estaba volviendo tan emblemática para el resto del reino.

Mientras el caballero Durfort le mostraba en la lejanía las luces de Valldonzella a las afueras de Barcelona, el rey pensaba en que sólo su presencia podría ayudar a hacer realidad el proyecto de los Panteones. Los monjes de Poblet se habían trastornado con la plaga, y la muerte del abad Copons seguida de la elección de un sucesor débil como Bernat de Palau, por muy caballero del rey Alfons que hubiera sido, agravaba aún más la situación.

Mientras Pere el Ceremonioso reflexionaba en Barcelona sobre cómo enfrentarse a algunos de los fantasmas de su reinado, no menos complicada era la situación del maestro Aloi en el monasterio de Poblet. La ausencia del rey le había permitido presentarse en Milmanda y recuperar a su familia, instalada ahora con él en el calefactorio. No había sido fácil, dadas las rigurosas normas morales que regían la vida de los monjes, pero la plaga había traído muchas relajaciones al cenobio. Durante los primeros días Aloi se sintió feliz. Le gustaba tener tan cerca a su pequeño Guillem mientras repetía una y otra vez los bocetos de los Panteones Reales, aunque el chico no siempre atendía todo lo que, como padre, hubiese deseado.

Pero muy pronto tuvo la sensación de que la presencia de su familia no le facilitaba demasiado el cumplimiento de una de las tareas que el rey Pere le había encomendado. Las visitas diarias del escultor a las estancias de la reina provocaban en su esposa una angustia creciente que él no sabía calmar. Por una parte, Miriam no entendía por qué Aloi podía entrar con tanta facilidad en una parte del monasterio donde a ella le cerraban el paso los soldados del rey, y eso a pesar de sus explicaciones sobre ungüentos y cataplasmas que aliviarían, sin ninguna duda según ella, los males de Leonor de Portugal. Por otra parte, porque durante los ocho años que había permanecido al lado de Aloi no lo había visto nunca tan concentrado en sus obligaciones con el monarca ni tan poco dispuesto a cumplir las que siempre señalaba como prioritarias, aquellas que había contraído con su familia.

Y cierto es que, por lo que cuenta en su crónica, Aloi de Montbrai no debía de prestar mucha atención a las inquietudes de Miriam. Le bastaba con dibujar sin descanso y acudir como médico improvisado a las urgencias cada vez más numerosas y menos remediables, que también sobrepasaban la sabiduría espiritual del padre Serafí y el abad Bernat.

Aloi había conocido a su mujer en las montañas de Navarra, cuando daba forma a una de las figuras de la Virgen María que lo habían hecho famoso por toda la cristiandad. Miriam se había adaptado sin ninguna queja a la vida más bien ambulante de su marido, dotado aún de una gran fortaleza física a pesar de que rondaba los cuarenta. Era una edad avanzada en aquella época, y aun así, Aloi conservaba su apariencia juvenil que, por momentos, conseguía trasmitir una enorme sensibilidad hacia las cosas del mundo.

Ella también era una mujer fuerte, decidida, hecha a las situaciones extremas. Como hija de un señor rural que se había pasado media vida en empresas guerreras lejos de casa, estaba demasiado acostumbrada a ir a la suya, a ser un pilar fundamental para los que la rodeaban. Y ése era un aspecto que únicamente Aloi celebraba, pues a menudo tenía que disculpar su comportamiento ante nobles y reyes. En Poblet, Miriam se sentía desplazada, inútil a pesar de las tareas de asistencia a los enfermos más necesitados que se impuso nada más ver las consecuencias de la plaga. Se pasaba el día lavando la ropa de los monarcas, ayudando a las cocineras, poniendo cataplasmas y, sobre todo, vigilando la puerta de acceso a las estancias de la reina, desde el claustro bajo, cuando sabía que su marido estaba dentro.

Muchos de los conversos que habían enfermado durante los últimos días del abad Copons morían ahora entre grandes sufrimientos. Pero a pesar del papel que le habían asignado, la vida y la muerte formaban una disyuntiva sobre la que Aloi no podía hacer más que maravillarse o asustarse, sin que su don natural con las manos pudiese ofrecer algún remedio. No podía fallar al padre Serafí, que lo había convertido en su apoyo indispensable. Entretanto, el nuevo abad se esforzaba en facilitar a los enfermos el tránsito a otra vida en la que Dios, les aseguraba con una actitud cercana al misticismo, sería misericordioso si los encontraba en paz.

La sensación de ahogo que experimentaba el escultor estaba directamente motivada por la amistad creciente con la reina. A pesar de las quejas del aya portuguesa, Leonor procuraba arreglar las cosas para que la vieja no estuviera presente durante las visitas diarias y, puesto que la misteriosa enfermedad estaba sujeta a apariciones y desapariciones un tanto extrañas, solían tener tiempo para hablar. A la reina le entusiasmaban los relatos que Aloi hacía de sus viajes, lo obligaba a contarle una vez tras otra los detalles de una escena del mercado de Carcasona o la visión de los campos de la Cerdaña en otoño, con los sembrados abiertos esperando la mano fecunda de los campesinos.

Aunque Aloi de Montbrai no acertaba a comprender cómo había sucedido, lo cierto era que la reina y el escultor se habían hecho amigos. Pero una amistad de aquella naturaleza no tenía cabida en la mentalidad de la época, y el escultor sabía que se jugaba la propia vida si alguien iba con la historia al rey.

A pesar de ello, los últimos días se había arriesgado mucho ampliando sus visitas y el aya había advertido muy seriamente a la reina...

—No podéis quedaros sola en la estancia con ese escultor —decía la portuguesa con suavidad, sabedora de cómo se tomaba Leonor las recomendaciones de cualquier tipo.

—¿Debo recordaros que estáis a mi servicio? ¿Desde cuándo un aya vieja puede dar órdenes a una reina?

—Pero yo soy responsable de vuestro bienestar ante el rey y ante Dios. ¿Qué pensara si le cuentan que pasáis las horas encerrada con un hombre?

—Ese hombre es mi médico y, además, una persona inteligente. Al rey soy yo quien debe rendirle cuentas, y de mi bienestar espiritual se encargan mis confesores. ¿Cuál es vuestro papel en mi vida, vieja estúpida? Tal vez sería mejor para todos que volvierais a la Sierra de la Estrella, a vuestros campos yermos de Portugal.

Ante esas palabras, el aya callaba. Le habría respondido muchas cosas, sobre todo le habría reprochado el menosprecio que demostraba al hablar de la patria común de ambas. Había intentado hablar con el padre Serafí, ponerlo al corriente de lo que sucedía desde hacía unos días, pero a éste, escandalizado por las acusaciones veladas de la anciana, le había faltado tiempo para defender al escultor. Y posiblemente también porque, por las descripciones que nos han llegado, puede decirse que aquella mujer habría asqueado al mismo demonio si le hubiesen dado la oportunidad de verter el veneno que llevaba dentro.

Aloi de Montbrai pasaba las horas contando el tiempo que faltaba para la próxima visita y muy pronto se dio cuenta que la reina también deseaba que llegara ese momento que habían hecho tan suyo. Incluso volvió a leer algunos tratados de astrología y de alquimia, volúmenes que el padre Serafí tuvo que sacar a escondidas de algún *armarium*, siempre con la idea de desplegar más sabiduría ante Leonor. Sabía que era una equivocación, que la vanidad no podía ser buena consejera en aquellos tiempos, pero la amistad con la reina lo hacía sentir capaz de enfrentarse a cualquier plaga humana o divina, tal como había consignado en su cuaderno. Ahora ya no lo guardaba en la chimenea sino entre la piedra virgen de Besalú que sólo él tenía derecho a tocar, a cubierto de la curiosidad insaciable de su mujer.

—Podríamos hacer venir a algún médico veneciano —decía Aloi a la reina, preocupado porque hubiese cogido la pestilencia pero sin que se manifestara de la misma forma que en los otros enfermos.

—¿Por qué lo decís, maestro Aloi? ¿Pensáis acaso que son más sabios que nuestros propios médicos?

—No exactamente, señora —respondía el escultor, siempre dispuesto a satisfacerla—. Pero por las noticias que llegan fueron ellos los primeros en sufrir los efectos de la pestilencia, y supongo que algo habrán aprendido; al menos yo, si se me permite hablar de mí, he conocido nuevas técnicas estudiando a grandes escultores de otros reinos que han sentido la necesidad de renovar su arte.

—Pero vos no pensáis que yo lleve en el cuerpo esa plaga ¿verdad que no? —Cuando decía aquellas cosas Aloi veía que aún era una niña, que necesitaba una persona audaz a su lado, alguien fuerte, capaz de tomar decisiones, y que aquella persona ya existía: era el rey Pere.

Por mucho que admirase su belleza y la desenvoltura que manifestaba, el escultor se repetía una vez tras otra que su corazón le había tendido una trampa difícil de sortear. No pensaba, no quería pensar, que estaba enamorado de Leonor de Portugal, pero cada vez necesitaba más aquellos momentos en los que disfrutaba de su compañía; necesitaba escuchar su voz, que con él parecía transformarse en una apasionada caricia.

—Vos no tenéis nada que pueda reconocer como enfermedad, pero eso no quiere decir que no me preocupe vuestro estado —respondió Aloi a aquella pregunta que se había convertido en diaria.

—Entonces —decía la reina—, todo está bien. Olvidémonos un instante de las enfermedades del mundo y contadme más cosas de vuestros viajes.

¿Qué puedo esperar de mi vida futura si mi corazón se desgarra para siempre? Eso fue lo que escribió Aloi de Montbrai en su cuaderno, la noche anterior al desastre. Había sido un día plácido, sin ninguna muerte que certificar, había permanecido en el claustro hasta la hora nona, con la intención de poner un orden imposible en sus ideas.

XIII

Nada más entrar en la celda de Guillem Rosa me doy cuenta de que mis fantasías de medievalista no se corresponden con la realidad. Lejos del rectángulo con catre adosado a una pared desnuda que forman otras estancias parecidas, la habitación que el ex abad llama celda es un espacio aceptable. Hay una cama individual, sencilla pero probablemente cómoda, una mesilla de noche con varios cuadernos de notas y un armario pequeño; en las paredes cuelgan tres acuarelas perfiladas a pluma que representan vistas de Poblet. Bastante buenas, por cierto.

Doy tres pasos y compruebo que el espacio que hay detrás de la puerta está ocupado por un escritorio antiguo con dos estantes encima, llenos de libros y legajos.

—Aquí podremos hablar con tranquilidad —dice el monje, sin ganas aparentes de explicar el episodio que acabamos de vivir.

—¿Quién era el hombre que nos espiaba, padre Guillem? —pregunta Beatriu, siempre tan incisiva.

Pero, por toda respuesta, nuestro anfitrión se dirige al escritorio, abre la puerta corredera del compartimento y busca alguna nota entre los cuadernos que lo llenan. Tanto él como Beatriu se han sentado en la cama, y yo permanezco cerca de la pequeña ventana, mirando las colinas que rodean Vallbona de les Monges y que transmiten una pronunciada sensación de aislamiento.

—Mirad, chicos —vuelve a sentarse con un pequeño cuaderno de cubiertas muy gastadas en las manos—, no sé si puedo ayudaros, pero es mejor que os quedéis al margen. Tengo la impresión de que habéis tocado algún punto muy sensible, que todo esto ha ido demasiado lejos. Quizá corráis peligro y empiezo a sospechar que la muerte de vuestro compañero no es nada ajena al tema que nos ocupa.

—No sé si va a ser posible, padre Guillem —responde Beatriu—. Nos hemos propuesto llegar hasta el final.

—No hay nada después del final, más vale ir completando etapas —intervengo yo, puede que un poco para romper ese diálogo entre viejos amigos del que me siento excluido desde el principio.

—Una buena observación, sin duda, pero usted olvida que yo he dedicado mi vida a predicar que hay algo más —dice el monje con actitud reflexiva y utilizando un trato que me incomoda.

—Enric es una de esas personas tan profundamente religiosas que sólo pueden sobrevivir buscando la manera de negar a Dios.

¡Ésta no me la esperaba de Beatriu! Me parece un golpe bajo, sobre todo porque no tiene ni idea de cuáles son mis pensamientos sobre la cuestión. La miro enfurecido y adivino que sonríe por dentro. Guillem Rosa, sin embargo, parece más ocupado en encontrar algún pasaje entre las notas del cuaderno. Pienso por un instante que nos leerá el pasaje del *Libro de la sabiduría*, pero no lo hace. Soy yo el que padece obsesión galopante por las citas bíblicas.

—Me habéis preguntado por una supuesta crónica del maestro Aloi —dice de repente el ex abad, parando la búsqueda y poniendo el dedo sobre una de las páginas del cuaderno.

—¡Claro! —salta Beatriu—. Entonces, ¿es cierto que existe?

—No sé qué responder —continúa Guillem Rosa—; posiblemente se trate de un legajo que tuve ocasión de leer hace tiempo, pero por lo que recuerdo nunca tuvo un título. Ahora consultaba mis notas de aquellos años y, en efecto, tengo constancia escrita de aquella lectura.

—¿Quiere decir con eso que nos hablará de su contenido? ¿Sabremos si la reina Leonor fue o no asesinada? ¿O si el asesinato de la reina tiene alguna conexión con el de Ricard? —digo al tiempo que abandono la compañía de la ventana y giro la silla que hay delante del escritorio para poder sentarme en ella.

—Vayamos por partes —responde el monje mientras veo que Beatriu se muerde el labio inferior—: mi memoria no funciona así. Puedo contaros el contenido pero tendré que ir leyendo mis notas y empezar por el principio.

—Tenemos todo el tiempo del mundo —apunta Beatriu, aliviada por poder intervenir—. ¿No es así, Enric?

Es el padre Guillem quien responde. Nos explica que tendrá que buscar un sustituto para que se quede en la tienda, que si lo esperamos unos minutos lo intentará. Sale de la celda sin decir más, pero tengo la impresión de que no se siente muy feliz de compartir sus lecturas. Beatriu y yo nos quedamos mirándonos hasta que cierra la puerta tras de sí. La luz escasa que entra por la ventana no ayuda a definir las sombras.

—Ya te había dicho que el padre Guillem era la persona indicada —deja caer Beatriu al tiempo que se levanta de la cama y empieza a curiosear los libros de los estantes.

—No sé si le hará mucha gracia que toques sus cosas —digo un poco molesto sin saber muy bien por qué.

—Mira, Enric, una copia del *Consolat del mar*. Tiene que ser del siglo XVI por el estilo de las ilustraciones —dice maravillada sin hacer el menor caso de mis recriminaciones—. ¡Y fíjate en eso! Es Spinoza ¡El *Tratado teológico-político*!

—¡Caray! —exclamo un tanto sorprendido—. No sé si es un sabio, como tú dices, pero no hay duda de que es osado. La Iglesia siente un odio profundo a Spinoza y me extraña que lo tenga en la celda. O es muy curioso o le gusta el riesgo.

—Sin Spinoza, el camino hacia la libertad de conciencia o de enseñanza habría sido mucho más difícil. Quizá al padre Guillem lo que le gusta es la libertad —responde Beatriu, satisfecha mientras continúa con su inspección.

No quiero decirle que me resulta más bien paradójico ese atributo en un monje; puede que sean mis prejuicios o la tradición anticlerical y descreída de mi familia. Lo cierto es que cuando encuentra algo que le interesa, Beatriu cambia de arriba abajo. Parece más atractiva, más inteligente. O quizá sea la belleza de la transgresión lo que produce ese efecto. Guillem Rosa entra mientras mi compañera de celda me está leyendo un fragmento. Le quita el libro de las manos con delicadeza y le pide que vuelva a sentarse. Ella obedece, pero se le marca una cierta confusión en el rostro. Yo me levanto del escritorio y me instalo en la cama con Beatriu para que el monje pueda colocarse en una posición de privilegio.

—Bueno, la madre Constancia me hará el favor de quedarse unas horas en la tienda.

—Un buen nombre para esa tarea, desde luego —opino, sin que ninguno de los dos preste atención a mi pretendido ingenio.

El padre Guillem comienza su relato de los hechos, pero lejos de ir al grano adorna el contenido de la crónica con numerosas informaciones sobre la época. Enciende una pequeña luz, y en pocos minutos Beatriu y yo estamos tan enganchados a la narración que la incomodidad de la cama queda en segundo plano. En realidad, pienso, es como si la sencillez del entorno ayudara a imaginar mejor los escenarios de la historia.

—Desde muy lejos, nada más abarcar con la mirada la recta final del camino, Aloi de Montbrai comprendió que su estancia en Poblet no iba a ser tan plácida como en ocasiones anteriores. Por entre los olivares y los sembrados que se extendían a las afueras del recinto…

La historia dura muchas horas, o así lo manifiesta mi estómago, que acaba expresando con generosidad su vacío. Pero ni Guillem Rosa ni Beatriu parecen tener conciencia del paso del tiempo. No se lo puedo reprochar. La supuesta crónica del maestro Aloi se convierte en un relato apasionante gracias a la excepcional erudición y la fecunda imaginación del monje, a partes iguales según mi sospecha. Además de marcar la intriga, el padre Guillem hace un retrato muy acertado de las relaciones de poder durante el siglo XIV en Cataluña. Se percibe enseguida que también él es un apasionado de la Historia.

La noche cae sobre el monasterio casi sin darnos cuenta. Bajo la mirada de desaprobación de Beatriu, que no quiere perder ni un segundo antes de conocer el desenlace, le pregunto al padre Guillem si la comunidad no notará su ausencia. Guillem Rosa responde que el hecho de ser un hombre en una clausura femenina tiene sus ventajas, entre ellas la de poder ir un poco a su aire.

—De todos modos —dice a continuación el ex abad—, hemos llegado a un callejón sin salida.

—¿A qué se refiere, padre Guillem? —salta Beatriu, asustada por aquellas palabras.

—Sencillamente que no tengo más notas, que no sé cómo acaba toda esta historia de Aloi de Montbrai.

—¡Pero eso no es posible! ¿Seguro que ha mirado bien? A lo mejor continuó en otro cuaderno —manifiesta Beatriu a la desesperada, ganándose la respuesta del monje…

—Yo sé cómo consigno mis lecturas y ya no tengo más anotaciones sobre esta cuestión. Y además no puedo recordar por qué. Tal vez dejara de interesarme, lo cual me resulta bastante extraño; pocas veces abandono un libro sin llegar al final.

—Eso nos deja sin respuestas —aventuro, aun sabiendo que mis palabras no serán bien recibidas—. Pero podremos consultar el manuscrito en la biblioteca de Poblet, ¿no es así?

De repente pienso que mi planteamiento es casi una temeridad. Ya sabemos cómo tratan a la gente cuando uno va preguntando por el maestro Aloi y sólo me queda la esperanza de que interprete mi «podremos consultar» de la única manera posible: con su ayuda. Pero después de lo que me ha contado Beatriu sobre su destitución no lo veo claro y el propio monje me lo confirma con sus palabras.

—Lo veo extremadamente difícil. Me parece que pertenecía a un *armarium* de libros reservados a la comunidad; hay que tener en cuenta que los manuscritos de esa clase son un material muy delicado.

—Y… —aventura Beatriu, quizá porque no hay otra palabra más adecuada.

—Tendré que investigar un poco, quizá encuentre la manera —responde el ex abad, confundido y con cara de preocupación—. Lo único que se me ocurre es que el manuscrito no tuviera ningún final. A veces pasa con ese tipo de documentos, nadie sabe por qué pero no nos llegan las partes fundamentales; o tal vez nunca se escribieron. El problema es entrar en Poblet; ya sabéis que me han prohibido el acceso a la biblioteca, además de desterrarme a este cubil de almas cándidas.

—Lo entiendo, padre Guillem, pero trate de recordar —casi exige Beatriu con un gran esfuerzo de control sobre su ansiedad—; nos hemos quedado a las puertas…

—Lo lamento —responde el monje, que también parece decepcionado por las circunstancias.

Me propongo intervenir para romper este momento de decepción para todos, pero unos golpes en la puerta, primero leves y luego más decididos, rompen el hechizo que la narración y la penumbra habían creado en la celda. El padre Guillem se levanta de la silla y tengo la impresión de que las piernas le flaquean por las horas que ha pasado en la misma posición. Intento levantarme para ayudarlo pero me lo impide con un sencillo gesto de la mano.

Entonces asistimos a una conversación que nos devuelve definitivamente a la realidad.

—¿Qué hay, madre Consolació? —pregunta el monje a la figura fantasmal recortada en el umbral de la puerta.

—Comprobaba que todo estuviera en orden y he oído voces. ¿Se encuentra bien, padre Guillem? —Su tono es amable pero firme.

—Sí, claro que sí. Nos disculpará, pero estaba hablando con unos amigos que han venido a verme, y se nos ha hecho tarde.

—Y que lo diga, padre Guillem, porque toda la comunidad duerme.

—Comprendo, madre Consolació. Enseguida los acompaño a la salida.

—Eso espero —concluye la presencia con firmeza.

Cuando la monja desaparece en la oscuridad, el padre Guillem nos ruega que nos vayamos si no queremos comprometerlo. Beatriu le pide alguna explicación con la mirada y él se la da con humildad.

—La madre Consolació es la abadesa del monasterio, y ya sabéis que mi situación en estos momentos es bastante precaria.

—Lo entendemos, padre Guillem, pero no nos ha explicado las razones —le responde Beatriu, preocupada por la escena a la que acabamos de asistir.

—No es el momento. Ya hablaremos otro día, aunque no creo que el monasterio sea el lugar más adecuado. ¿Hay algún teléfono al que pueda llamarte? —le pregunta el monje.

—Por supuesto —dice Beatriu, apuntando su número de móvil en un papel que hay en el escritorio—. Pasaremos la noche en el Villa Engracia, por si nos necesita.

¿Por si nos necesita? Cada vez tengo más claro que Beatriu está viviendo esta búsqueda como si se tratara de una novela. Salimos otra vez al claustro y no puedo evitar echar una ojeada a ambos lados al acordarme del hombre que, según todos los indicios, espiaba nuestra conversación. Es posible que Bea no se engañe cuando dice que detrás de esta historia hay cosas que no encajan.

XIV

Con más de la mitad del cenobio enfermo o en una vida mejor, la situación en el monasterio era lo bastante caótica como para que nadie se percatara de que el abad Bernat cada vez se quedaba más tiempo en la estancia que tenía asignada. Sólo ocho días después de la elección del nuevo abad, el padre Serafí entró en el calefactorio sin llamar a la puerta. Aloi, con la mesa de trabajo llena de papeles, intentaba explicar al pequeño Guillem la solución final para los Panteones.

—¿Lo ves, Guillem? Si soy capaz de aprovechar el espacio que queda debajo de las arcadas que hay en el crucero, las sepulturas tendrán un lugar privilegiado en la iglesia, que es lo que quiere el rey Pere —estaba diciendo Aloi cuando el monje se presentó por sorpresa—. ¡Padre Serafí! Ahora le mostraba a mi hijo unos bocetos…

—Todo es inútil, maestro Aloi —dijo el monje con una gravedad que el escultor no le conocía—. ¡Dios nos ha abandonado!

—¡Cómo podéis decir eso vos, padre? —le reprochó Aloi mientras con un gesto autoritario echaba al pequeño Guillem de la estancia—. ¿Qué nueva desgracia nos ha caído encima?

El padre Serafí se dejó caer en la silla donde pocos segundos antes había estado el muchacho. Parecía extenuado, pero Aloi conocía su fortaleza y comprendió enseguida que su aflicción tenía que ver con alguien muy cercano. De repente pensó en la reina y acercó un taburete a la mesa porque las piernas se le doblaban y no se atrevía a preguntar por ella. No podía ser, la noche anterior la había dejado alegre y sin ningún rastro aparente de la enfermedad. El monje no tardó demasiado en deshacer el nudo que atenazaba la garganta del escultor.

—Se trata del abad —dijo de golpe. Aloi sabía de la amistad entre ambos, de la importancia que el padre Serafí otorgaba al antiguo caballero para llevar con mano firme el futuro del monasterio.

Fue en ese preciso instante cuando tomó conciencia por primera vez de la gravedad de la situación. La pestilencia, como en otros lugares por donde había pasado, no respetaría a nadie en Poblet, ni con la gracia divina como garantía.

—¿Me estáis diciendo que presenta los síntomas de la plaga? Posiblemente sólo haya sido víctima del cansancio. Sería lógico. Bernat de Palau —Aloi aún no había asimilado que era el nuevo regidor del cenobio— ha vivido todos estos días pendiente de los enfermos. Mi esposa dice que lo ha visto lavarlos él mismo mientras rezaba por sus almas. ¡No habrá dormido en días!

—No, maestro Aloi, no es el cansancio. Nuestro Señor le daba fuerzas, pero ahora también ha sucumbido a la voz que lo llamaba desde el otro lado. —Aloi no entendió esas palabras, pero no era el momento de discutir las expresiones del padre Serafí y pensó que también aquel monje, ya viejo y fogueado en mil problemas y batallas de este mundo y del otro, empezaba a flaquear.

—Lo examinaré —el escultor se levantó como si hubiese sido lanzado con una catapulta— y os demostraré que no tenéis razón.

—Será inútil —dijo el monje con un hilo de voz—, lo he dejado agonizando en su lecho y os puedo asegurar que su final está próximo.

Aloi olvidó la presencia del taburete y se sentó en el suelo, muy cerca del padre Serafí. Las palabras del monje habían sido precisas y seguras, y él no tenía ningún elemento para pensar que sabía más. Por un instante deseó haber estudiado medicina, en París o en aquella Venecia que se había convertido en un símbolo de las conversaciones con la reina. Instintivamente, le cogió las manos y se las besó con más amistad que devoción. El monje tenía los ojos inundados de lágrimas y repetía una vez tras otra: «¡Dios nos ha abandonado! ¡Dios nos ha abandonado!...».

—Comprendo vuestro sentimientos, padre Serafí, pero no podéis perder la fe; vos no, ¡ahora no!

—Creía que no teníais demasiada confianza en el Altísimo, maestro Aloi —respondió el monje a la súplica de Aloi mientras intentaba sobreponerse convocando a las escasas fuerzas que le quedaban.

—¿Qué importa lo que yo crea, padre? Usted es nuestra única esperanza. Si Bernat de Palau muere, ¿quién dirigirá los destinos del monasterio en esta hora terrible?

—¡Está la reina! —dijo de repente el padre Serafí, y se le iluminaron los ojos—. ¡Tenemos que informar a la reina!

—La reina sólo es una niña asustada —respondió Aloi—. ¿Qué puede hacer ella?

—La reina quizá sea muy joven, pero sabrá qué hacer en una situación como ésta, maestro Aloi. Tenemos que confiar en su criterio.

—Sólo hay un criterio posible, padre, y es que vos tenéis que ser el nuevo abad.

—Yo no he nacido para ser abad. No podría soportar esa responsabilidad, maestro Aloi, no soy tan fuerte.

Aloi de Montbrai tiró del brazo del padre Serafí y éste se levantó con dificultad. Sin atender a sus quejas, lo condujo a través del claustro alto hasta la estancia donde yacía la reina. Puesto que el padre Roger había muerto, fue el aya portuguesa quien les abrió la puerta con disgusto, pensando probablemente que el examen diario ya había tenido lugar y que no hacía falta exagerar aquellos asaltos a la intimidad de su Señora. El escultor la hizo salir con tanta autoridad que ella ni siquiera se atrevió a contradecirlo.

—Miradla bien, padre Serafí —le dijo Aloi de Montbrai señalando el cuerpo dormido de la reina Leonor—: pasa buena parte del día entre el sueño y la vigilia, apenas come unas migas de pan porque cualquier alimento le provoca náuseas, y las últimas veces que la he visitado no he podido hablar con ella. ¿Pensáis que le podemos confiar nuestros problemas?

Aloi sabía que había exagerado la verdadera situación de la reina, pero en su interior anhelaba protegerla, facilitarle la vida en aquel momento tan difícil. Si la cargaban con la responsabilidad de tomar decisiones sobre cosas que no entendía, capaz como era de tomarse muy en serio sus funciones, las conversaciones entre ellos podrían acabarse. Y eso era lo último que deseaba el maestro de obras.

El padre Serafí se acercó a la cabecera y observó durante unos segundos el pálido rostro de la reina. Con todas las obligaciones que tenía encima se había olvidado de la preocupación que sentía por ella. Después de dos o tres días sin verla confundió aquella palidez, que Aloi asociaba con los días de encierro y reposo sin ver la luz solar, con un agravamiento de su estado. Así, pues, el monje se volvió hacia el escultor con el espanto reflejado en el rostro.

—¿Estáis seguro que la habéis examinado bien y que no tiene ni rastro de la enfermedad, maestro Aloi? Vuestra vida estará en juego si la reina muere antes que el rey Pere vuelva de Barcelona. Sin contar que sería una gran desgracia para el monasterio. ¿Qué pensará la gente si un miembro de la familia real muere dentro de nuestros muros?

—¡Por el amor de Dios! —exclamó el escultor mientras el padre Serafí mostraba un destello de complacencia ante aquellas palabras—. ¿Cómo debo deciros que yo no soy médico? ¡El rey podrá hacer lo que le plazca con todos nosotros, pero no puede convertir a un escultor en médico sólo con su voluntad!

Se quedaron los dos al pie de la cama, mirándose sin atreverse a pronunciar la primera palabra. Aloi de Montbrai abrió los brazos como había visto hacerlo al padre Serafí cuando éste parecía librarse a la voluntad de Dios y, al mismo tiempo, se sintió como un impostor. Ante ese gesto, el monje asintió con la cabeza, lo agarró de la manga y lo condujo hasta la puerta. El aya entró tan de repente que golpeó el brazo de Aloi.

—¡Dicen que ha llegado un médico! —les comunicó la anciana portuguesa, muy alterada e incapaz de disimular la indiferencia que le provocaba haber lastimado al escultor.

—¡Un médico! —repitió Aloi mientras se agarraba el brazo para comprobar si los adornos de la puerta le habían hecho alguna herida—. ¡Eso significa que no todo está perdido! ¿No lo creéis así, padre?

—Todo está en manos de Dios —respondió el padre Serafí con escepticismo.

—Pero Dios nos ha mandado un médico. ¡Eso también es una señal divina! Quizá quiera ayudarnos y cambiar el curso de las cosas.

Aloi miró al aya y se dio cuenta de que ella tampoco era muy optimista. Sentía que las fuerzas lo abandonaban, que nadie era capaz de albergar una brizna de esperanza, cuando de repente el pequeño Guillem apareció corriendo, burlando la vigilancia de los hombres del rey.

—¡Padre! Dicen que estamos salvados, que el médico sabrá curar a los enfermos.

—Estoy convencido de ello, hijo mío —mintió Aloi mientras lo cogía en brazos y se alejaba de los presentes sin mirar atrás.

Otra preocupación asaltó de repente el ánimo del escultor. Se le ocurrió mientras respondía las preguntas ingenuas del pequeño Guillem sobre el poder de los médicos: si había un médico nuevo en Poblet, uno de verdad y no como él, que sólo lo era por la insistencia del padre Serafí y la conveniencia del rey Pere, entonces su presencia en las estancias de la reina se volvería imposible. Simplemente ya no tendría sentido, a menos que ella se arriesgase a llamarlo sólo para hablar, para oír cómo le contaba una vez más aquellas historias que tanto le gustaban.

El entierro de Bernat de Palau lo ocupó durante el resto del día. Sobre todo porque el padre Serafí quiso dispensarle un trato de privilegio, como correspondía a su rango, parecido al menos al que habían preparado para el abad Copons pocos días antes de la partida del rey. Pero con Pere el Ceremonioso fuera del monasterio y las escasas manos dispuestas a trabajar que quedaban, todo era mucho más difícil; algunos habrían dicho que imposible.

Al final se acordó que el entierro se celebrase a la mañana siguiente, durante la hora tercia, y que lo que quedaba del coro cantara para acompañarlo en aquella transición forzosa a la vida eterna. No había otro lujo a su alcance más que la voz melodiosa de sus hermanos en Cristo, y así se lo hizo ver Aloi al padre Serafí.

El escultor se distrajo tanto con los preparativos del funeral que durante unas horas consiguió relativizar la amenaza que suponía el nuevo médico. Al acabar el acto religioso se encontró de golpe con que la realidad tomaba caminos por los que él no podía transitar.

—El médico ha dictaminado que la reina debe ser trasladada a un pueblo de Castellón —le notificó el padre Serafí con poco tacto, al acabar el acto religioso, creyendo que el escultor se sentiría aliviado—. Dice que la pestilencia no siempre se manifiesta con bubas visibles y que los aires de la montaña la ayudarán a recuperarse. Además, lleva un documento real que lo autoriza a hacerse cargo de la salud de la reina.

—¡A Castellón! —repitió Aloi, que por dentro sentía como si una espada lo atravesara—. ¿Pero qué enfermedad? ¿Qué sentido tiene? ¿Cómo se atreve?

—¡Maestro Aloi! ¡Pensaba que os alegraría deshaceros de esa responsabilidad! No me digáis que las difamaciones que corren por el monasterio tienen algún sentido.

—¿Difamaciones? —preguntó el escultor a la defensiva, convencido de que aquella conversación no le convenía.

—Sí, dicen que os habéis enamorado de la reina, que pasáis horas y horas en su habitación, sin testigos. Yo siempre respondo que es vuestro trabajo, que estáis ahí por encargo mío. Decidme que no me he equivocado.

El escultor quería decirle que no se había equivocado en absoluto, que él se había limitado a cuidar de la reina, a examinarla a la luz de su experiencia. Habría dicho la verdad, pero no toda la verdad.

Sin embargo, no fue capaz de abrir la boca. El padre Serafí tenía algún poder oculto sobre él que le impedía engañarlo, y decir que entre la reina y él no había nada que se pudiera considerar preocupante habría sido todo un engaño.

—¡Aloi de Montbrai…! —casi gritó el monje ante el silencio de su protegido—. ¿Qué habéis hecho?

—No he hecho nada, padre —dijo entonces Aloi, deseando arreglar los efectos de su momento de debilidad—, pero la reina se encontraba muy sola, supongo, y hemos acabado haciéndonos amigos; hemos hablado mucho durante estos días.

—¡Amigos! ¿Cómo puede haber amistad entre una reina y uno de sus súbditos?

—¡Somos todos personas, padre Serafí!

Aloi hizo esa afirmación con contundencia, pensando que también su amistad con el monje era imposible. Veían las cosas de manera demasiado distinta para conseguir ponerse de acuerdo sobre el hilo que, de repente, se había extendido entre él y Leonor.

—Si el rey Pere llega a tener conocimiento de vuestra actitud, ni la Iglesia podrá salvaros. Lo habéis injuriado de tal manera que no sé si habrá penitencia posible.

—¡Injuriado, decís! Ara soy yo quien os reprende, padre. ¡Cómo podéis pensar que he consumado algún tipo de injuria! ¡Yo nunca he dicho eso!

—Si seguís obcecado en luchar contra todo, tendréis una vida difícil, maestro Aloi, eso si es que llegáis a conservarla, y yo, ahora mismo, no pondría la mano en el fuego.

La servidumbre que mostraban las palabras del padre Serafí entristeció mucho al maestro Aloi, pero aún le sentó peor que desconfiara de él con aquella actitud tan poco piadosa. Los escasos monjes que estaban presentes asistieron estupefactos a los gritos que se habían cruzado, y el escultor decidió que ninguna otra palabra tendría ya sentido. Hizo la señal de la cruz ante los restos mortales del abad Bernat de Palau y salió de la iglesia en dirección al exterior del recinto.

Necesitaba pensar, y los sagrados muros de Poblet no le resultaban el lugar más adecuado. Durante un par de horas se perdió por los campos colindantes, presa de una angustia creciente que lo obligaba a considerar los últimos días de su vida como una pesadilla de la que ya no podría despertar.

XV

La vuelta al Villa Engracia no resulta fácil. Beatriu tiene la cabeza más en la historia que nos ha contado el ex abad que en la carretera, y un par de veces tengo que advertirla que el tramo de vía por el que transitamos es, a todas luces, una curva. Estoy atento, aunque comprendo su decepción. Por un lado encontramos a la persona adecuada, una especie de último mohicano que aún toma notas cuando lee libros medievales y, para más inri, es capaz de relacionarlos con sus conocimientos históricos. Sorprendente, como mínimo.

Por otro lado el azar, o los caprichos de la memoria, o los estragos del tiempo, ¡quién sabe!, nos presentan una realidad incompleta, una historia sin final, cuando la conclusión casi era lo único que importaba. Intento animarme pensando que a pesar de todo hay cosas positivas. Gracias al padre Guillem hemos sabido que la crónica de Aloi de Montbrai existe, o al menos algún escrito muy parecido. Es fácil inferir que Domènech i Montaner la tuvo en las manos y que de ahí sacó las notas que Ricard guardaba en su casa.

Debería compartir mis pensamientos con Beatriu, y también la fotografía robada en el Colegio de Arquitectos, pero la veo tan concentrada en sus propias elucubraciones que considero más oportuno dejarla conducir y hablar de ello más tarde. De repente Beatriu suelta la mano izquierda del volante y se la pone detrás. Durante unos segundos pienso que se trata de un picor inesperado, pero enseguida veo que saca el móvil. La sorpresa se refleja en su rostro cuando oye la voz que le habla desde el otro lado. Yo también la he reconocido.

Mientras Beatriu responde a su interlocutor con cortantes monosílabos: «¡No!», «¿Cómo?», «¡Sí!», tomo consciencia de nuestra situación. Estamos parados en medio de la carretera como si se tratara de un aparcamiento del Carrefour. Es tarde y no parece que vaya a pasar ningún coche, pero nunca se sabe. Mientras trato de hacer reaccionar a la conductora, calculo las posibilidades que tengo de llegar al mando de las luces de posición por si se acerca algún coche perdido y no entiende la parada. Pero ella me comunica el motivo de su entusiasmo y yo también pierdo un poco el oremus…

—¡Es el padre Guillem! ¡Ya recuerda lo que pasó con el manuscrito!

La noticia es sorprendente, pero incierta. ¿Qué recuerda? ¿El final de la historia o el porqué de esa ausencia en sus cuadernos? La realidad, como pasa siempre, es más compleja.

—Parece que ha encontrado otra anotación en su diario de aquella época. Ha recordado que el manuscrito no estaba incompleto pero que desapareció de su celda cuando estaba a punto de finalizar su lectura —me explica Beatriu mientras reinicia la marcha.

—¡Desapareció!

—Eso ha dicho —sus ojos tienen un brillo tenue en la oscuridad de la noche.

—No lo entiendo. ¿Cómo es que recordaba tan al pie de la letra el manuscrito y no lo que había pasado? ¡Es muy raro que desapareciera!

—Sí, pero tenía muchas notas sobre la crónica de Aloi. A partir de esas notas y de sus conocimientos sobre la época ha podido reconstruir el relato. No olvides, tampoco, que la memoria es caprichosa.

—¿Y...? —pregunto, consciente de que cada vez se abren más interrogantes.

—Espera que me acuerde. Cree que hizo unas cuantas preguntas por el monasterio sin recibir respuesta alguna. También lo buscó en el *armarium*, pero ya no volvió a estar ahí, al menos hasta que él se olvidó del asunto.

—¿Estás diciendo que alguien le impidió la lectura completa del manuscrito? Y si... No es más que una hipótesis, Bea, pero puede que a Ricard le sucediera algo parecido. ¡Se acercaba demasiado!

—¿Más o menos como nosotros, quieres decir? —dice Beatriu, ahora sarcástica—. Es una hipótesis aceptable.

—Cada vez entiendo menos lo que sucede en torno a la crónica del maestro Aloi. Tengo la sensación de que nos acercamos a ella y de repente se escabulle. Lo más sorprendente es que se esconda ahora y también años atrás, no sólo por el episodio que ha contado el padre Guillem sino porque Domènech i Montaner no la cita en ningún momento en su libro sobre Poblet...

—Ni en su libro sobre Poblet ni en ningún otro sitio, que yo sepa —apunta Beatriu.

—¿Has revisado su obra?

—No, pero la conozco como si fuera mía, y una cosa así no se me habría pasado por alto. Yo también soy historiadora, ¿recuerdas?

No lo dudo en absoluto, pero no respondo a su pequeña provocación. Sé que está muy molesta, que tiene una cierta sensación de derrota tras la visita al monasterio de Vallbona de les Monges. E intuyo que no le ha gustado nada que, a fin de cuentas, la intervención del padre Guillem haya sido tan poco resolutiva.

Pasamos por delante de Poblet sin atender demasiado a la belleza de sus torres iluminadas. Unas curvas más allá está el villorrio de Les Masies. Tal vez años atrás respondiera al nombre, pero ahora hay unos cuantos restaurantes y las edificaciones del balneario del Villa Engracia, el hotel modernista con la capilla adosada, las casas de colonias ocupadas por familias con niños pequeños y unos jardines raros que en gran medida se utilizan de aparcamiento y que sólo recuerdan su antigua función por las barandillas de piedra que los circundan.

Beatriu entra en el recinto del hotel. Como a primera vista no encuentra un aparcamiento vacío, deja el coche al lado de la puerta. Todo indica que hay un par de coches que no podrán salir, pero ella ya está andando hacia la entrada sin que parezca importarle dejar el coche abierto. Le pregunto si vamos a dejarlo ahí, pero se encoge de hombros y desaparece en el interior del edificio. Son las once pasadas y aún hay dos mesas llenas de gente en la terraza.

La encuentro poco después en la sala de las columnas, sentada en un sólido y descolorido sofá rojo. Aparenta una quietud reparadora, pero sé que por dentro hay dos cosas que le funcionan a pleno rendimiento: la cabeza y el corazón. Me propongo decirle alguna cosa sobre la fotografía antes de que sea demasiado tarde.

—No hace falta que me hagas compañía —dice, arisca—, puedes irte a dormir. Ahora ya no tienes manera de volver a Barcelona. ¿Tienes clase mañana?

—Sí, y además a primera hora.

—Por la mañana puedo llevarte a Barcelona, yo también tengo una reunión para la tesis —intuyo con quién, pero no me parece que mencionar al demonio sea ahora lo más apropiado.

—Beatriu, por favor, ¿no te habrás dado por vencida?

—¿Qué? No me conoces, Enric. Pienso encontrar esta crónica aunque sea la última cosa que haga —dice, pero se arrepiente al instante de tanta vehemencia, levanta la mano derecha y me hace un gesto pidiéndome que lo olvide, o que la olvide.

Estamos los dos en el sofá rojo como únicos habitantes de esa sala extraordinaria, vestigio de otro tiempo. En una de las columnas hay un estante con revistas y periódicos; pienso que hace días que no consulto la prensa, pero tampoco sería capaz de leer más de dos líneas de ninguna noticia sin que volviera a asaltarme la historia del maestro Aloi.

—A lo mejor al padre Guillem se le ocurre alguna cosa —digo, dispuesto a recomponer, al menos, la confianza en el monje.

—Eso piensa él —me replica—, pero ya sabes cómo son los religiosos, quizá no vuelva a pensar en ello hasta después del verano.

—Te ha dado la vena pesimista —aventuro, mientras me levanto y le recuerdo que no hemos cenado.

Beatriu me mira con ironía, como si hubiese dicho un disparate que no viene a cuento. Pero se levanta y me dice que de acuerdo, que es necesario tener el estómago contento para poder pensar. Salimos a la terraza no sin antes preguntar a Sonia si aún podemos tomar algo.

—Por supuesto —responde—; veo que el día ha sido productivo.

Intercambiamos unas sonrisas de circunstancias y escogemos la mesa más alejada de los dos grupos rodeados de niños y carreras. La noche es plácida e invita a disfrutar de un espacio que en cualquier otro sitio parecería vencido por la caducidad.

Si alguien presta atención a nuestra actitud durante la cena de última hora pensará que somos un joven matrimonio que ya no tiene nada que decirse. Y es que, ciertamente, no escenificamos una gran alegría por estar juntos bajo esa noche tan fantástica. La camarera ha tenido que traernos unas cuantas cervezas antes de que Beatriu me mire a los ojos y, después de unos segundos de incertidumbre, rompa a reír dejando escapar barbilla abajo parte del último trago. Nadie parece darse cuenta. Los matrimonios de las dos mesas hace rato que se han ido y la camarera y el resto del personal del Villa Engracia están cenando tranquilamente muy cerca de nosotros. Esa circunstancia hace que me sienta como en casa y yo también empiezo a pensar que todo tiene solución, que encontraremos la crónica de Aloi de Montbrai.

—¿Quién sería aquel hombre que tenía tanto interés en escuchar nuestra conversación con el padre Guillem? —pregunto sin esperar respuesta.

Probablemente sólo lo hago para romper un poco el espíritu de derrota que destilamos desde que salimos de Vallbona de les Monges. Tampoco me aventuro a preguntar si a ella también se le ha pasado por la cabeza que podría ser el asesino de nuestro amigo.

—¿Un curioso? ¿Un loco? ¿Un caballero del Vaticano, como en las novelas? —canturrea Beatriu, como si fuera en busca de una explicación fonética o rítmica, en ausencia de otras.

No he leído ninguna de esas novelas que menciona Beatriu, pero puedo imaginarme esos caballeros al servicio de Su Santidad porque salen en alguna película que he visto. Se oyen risas que provienen de la mesa del personal del hotel, pero yo miro con curiosidad y deleite las dificultades que tiene un coche para aparcar dentro del recinto del hotel. El conductor decide que también él puede dejarlo de cualquier manera y coloca el vehículo cerrando el paso al

Golf de Beatriu. Cuando sale, mi intuición me dice que comienzan los problemas.

Es un hombre no muy alto, con americana y tejanos poco gastados. Nada más cerrar la puerta del coche mira a través de los árboles y lo que ve parece satisfacerlo, porque acto seguido avanza con paso ágil por entre las mesas, dice un «buenas noches» que Sonia y sus compañeros contestan con amabilidad y viene hacia nosotros hasta plantarse delante de la mesa. Todo ha ido tan rápido que apenas he podido avisar a Beatriu.

—¡Buenas noches! —dice el hombre al llegar—. ¿Puedo sentarme? Desearía hablar con ustedes.

—Si le apetece —responde Beatriu, que no sabe si preocuparse o empezar a reír.

—¿De qué quiere hablarnos? —pregunto al desconocido mientras él hace el ademán de sentarse; por unos momentos creo que parará el movimiento, pero no tarda en estar bien instalado.

—¿Me permiten que tome un refresco? Hoy hace mucho calor —dice, mientras pienso que a mí no me vendría mal un jersey.

—¿Es usted un enviado del Señor? —interviene Beatriu con cierta mala uva.

El desconocido ríe un poco entre dientes. Entretanto, la camarera se ha acercado y él le pide una cerveza bien fría; Mahou, si es posible. La empleada le comunica que sólo tienen Estrella, y él acepta de mala gana. Luego nos mira con ironía rellena de escepticismo.

—Es una pregunta simpática —contesta, pero no se ríe—. Digamos que soy un amigo, un amigo que no quiere perjudicarlos o, mejor aún, que no quiere que ustedes se perjudiquen a sí mismos —el chiste le parece tan bueno que se acomoda un poco más en la silla, seguro y satisfecho.

—Si no le importa, esto es una cena privada —digo con poco

acierto—, así que si tiene algo que decir dígalo, y después puede continuar la fiesta en otra mesa, que hay muchas disponibles.

—Calma, joven, calma. La fiesta, de momento, es en esta mesa. Sobre todo porque ustedes han metido las narices en asuntos muy complejos que no son de su incumbencia —responde el hombre de los tejanos, cada vez más envalentonado.

—Bueno, ya es suficiente. No tenemos toda la noche. ¿Qué quiere decirnos? —pregunta Beatriu, que ha optado por la vía práctica.

La camarera trae la cerveza, pero el hombre no hace ningún gesto para verter el contenido en el vaso. Se queda mirando a Beatriu como si pensara que lo más práctico sería estrangularla directamente. Me doy cuenta que estoy agarrando con fuerza el brazo de la silla de plástico que tengo al lado.

—Es muy sencillo... —anuncia el hombre, que ha retomado su actitud desafiante pero tranquila—. Ustedes han iniciado una búsqueda que no tiene sentido. Simplemente, no lleva a ningún sitio. Pero también deben saber que hay personas molestas por esa intromisión en asuntos de la Iglesia.

—¡Un momento! —intervengo, mientras noto que la indignación comienza a subirme por la espalda—. Usted se equivoca y, además, eso que dice suena a amenaza. Estamos en el siglo XXI y no me parece bien que un desconocido cualquiera venga a decirnos qué podemos y qué no podemos hacer.

Mientras estoy soltando la indignación que siento por dentro, pienso también en una posible lectura de la pintada: era una forma de amenazarnos, de mostrarnos que nos enfrentamos a un mundo demasiado ajeno a nosotros. Este personaje lo ha dejado bien claro desde un principio: la Iglesia desempeña un papel en esto, o quizá se trate de una secta, de fanáticos que no quieren que salgan a la luz algunos aspectos de la Historia...

—Y sepa también, caballero, que la nuestra es una investigación histórica, un asunto, como usted dice, que nada tiene que ver con la Iglesia —salta Beatriu, que parece no tener freno—. Así que más vale que coja su cerveza que tantas ganas tenía de tomarse, que ya debe estar caliente, por cierto, y se vaya a otra mesa.

El hombre se levanta de la silla. Yo me agarro aún con más fuerza al brazo de la más cercana, dispuesto a todo, mientras él coge la botella y vierte su contenido sobre la mesa. Beatriu se incorpora de un salto y por un instante pienso que se abalanzará sobre el desconocido, pero éste reacciona y le planta el dedo frente a las narices moviéndolo en señal de advertencia.

—De acuerdo, chicos, si tenéis ganas de fiesta la tendréis. A mi sólo me han encargado que os informe con buenos modales —dice, retrocediendo dos pasos como si midiera sus dificultades para contenerse—, pero pensad que los que vengan después no serán tan educados.

—Ya sabe qué puede hacer con su educación… —le grita Beatriu, mientras Sonia y otros compañeros de trabajo se acercan a la mesa asustados por el follón que se ha armado en un momento.

Pero el hombre de los tejanos se apresura hacia el coche deshaciéndose con malas maneras del personal de la casa que se cruza por el camino, quienes, más que pararlo, quieren saber qué sucede. Segundos después da marcha atrás con el coche y sale del recinto sin dejar de mirarme a los ojos desde la distancia.

De hecho no han sido más que un par de minutos lo que ha durado la escena, pero su intensidad deja una marca evidente en el rostro de Beatriu. Y la encargada del hotel, la Sonia de maneras dulces que siempre nos atiende, no sabe muy bien cómo reaccionar.

—¿Estáis bien? —pregunta aún conmocionada—. Lo lamento mucho. Podemos llamar a la policía…

—Mejor no —le respondo, seguramente porque no puedo evitar ver a la policía como un cuerpo represor de manifestaciones más que como una posible ayuda.

—Pilar —dice Sonia a la camarera—, trae unas cervezas, que invita la casa.

Le agradecemos la deferencia y nos sentamos otra vez. Parece que Beatriu se haya quedado sin palabras, pero su voz no se hace esperar.

—Aquí tienes un posible candidato para nuestra teoría del crimen.

—¿Ese perdonavidas, un asesino? No sé, Beatriu, lo encuentro demasiado evidente. Siempre me cuesta pensar que la gente sea tan estúpida.

Mi compañera de aventura se queda en silencio y enciende otro Rex. Pienso que su visión es acertada, que quizá tendríamos que avisar al inspector García inmediatamente, pero algo me dice que no lo haremos, aún. Nos envuelven demasiadas incógnitas, demasiadas preguntas que queremos resolver. El tapiz está por tejer.

—Es difícil esto de ser historiador, ¿no te parece? —dice, y bebe un trago de cerveza directamente de la botella.

—Sí, es difícil —respondo—. Beatriu, hay otra cosa de la que todavía no te he hablado.

—Pues ya va siendo hora, ¿no crees? ¿Qué clase de equipo formamos tú y yo si me escondes información?

—No sé si es importante, y el hecho es que —miento— están pasando tantas cosas que se me había ido de la cabeza.

—¡Venga, Enric, ya vale!

—Tengo otro documento que no conoces. Me lo llevé de la biblioteca del Colegio de Arquitectos.

—¡Caray, chico! ¡Veo que tienes auténtica afición por el delito! No sé si hablar con el inspector García.

—Bueno, en realidad es una imagen, una fotografía que muestra a tu antepasado poniendo algo así como un libro en las manos de un monje...

Beatriu parece que ya no tiene ganas de utilizar la ironía, su arma más habitual. Más bien debe de pensar si, a la luz de mi falta de sinceridad, compartir la aventura conmigo no puede resultar peligroso.

—¿Podré confiar en ti o no?

—Claro que sí —intento tranquilizarla—, sólo esperaba el momento oportuno. ¡La llevo encima, fíjate! La he mirado con lupa y creo que el libro es la crónica de Aloi, quizá una copia hecha en el siglo XV por el tipo de cubierta, o simplemente la encuadernaron de entonces.

—¿Y quién es este monje? —pregunta Beatriu.

—No tengo ni idea. ¿Crees que puede ser importante?

—Enric, esta fotografía demuestra la existencia del libro.

—Pero eso lo sabemos por tu amigo Guillem Rosa.

No dice nada. Me pregunto si estará muy enfadada e intento disculparme, pero no se me ocurre nada adecuado para la ocasión.

—No sé, Beatriu —concluyo—, todo es muy raro, ¿cómo lo diría? Todo es desmesurado.

—Eso es una buena señal. Quiere decir que la importancia de lo que perseguimos es mayor de lo que podemos imaginar. Ricard estuvo tan cerca que le costó la vida.

No las tengo todas conmigo, pero dejo que el razonamiento quede en el aire. Minutos después, Beatriu ya se ha acabado la cerveza y, aunque yo apenas he dado un par de tragos, dice que es hora de ir a dormir, que mañana tendremos mucho que hacer. La sigo en silencio, y creo que conmocionado yo también por los acontecimientos.

La habitación que compartimos parece más pequeña que nunca. Soy el primero en utilizar el baño y me desvisto con esmero. Doblo los pantalones y la camiseta, cosa que no hago nunca, y los dejo sobre la única silla que hay. Cuando Beatriu sale yo ya estoy en la cama arropado hasta la barbilla, como si hiciera una hora que me hubiera venido el sueño.

Oigo cómo se quita la ropa y me comenta que tendríamos que explicar al profesor Badia lo que está sucediendo. No le digo que quizá no sea la mejor idea pero lo pienso, aunque no sepa muy bien los motivos.

Me quedo esperando el suave murmullo que la noche anterior me anunció que Beatriu se metía entre las sábanas, pero no oigo nada. Me la imagino de pie en medio de la habitación, pensando. De repente las sábanas se abren más de lo necesario para su pequeña figura y siento su calor que se acomoda en mi espalda.

—¿Te da miedo todo esto, Enric?

—No, claro que no —digo, mientras pienso si el temblor que me recorre el cuerpo es fruto de las amenazas o del abrazo que me da Beatriu con su cuerpo completamente libre de obstáculos.

XVI

Tal vez en otras circunstancias a Aloi de Montbrai el paseo lo hubiese ayudado a tranquilizarse, pero había tanto en juego y eran tan extremos los pensamientos que lo asaltaban que volvió al monasterio aún más preocupado por su futuro inmediato.

Siempre había creído que su oficio era garantía suficiente de felicidad, que si existía un Dios a quien agradecerle los bienes que recibíamos en la tierra, entonces tendrían que tener una conversación un día u otro y aclarar las cosas. Sin duda la fe del escultor tenía mucho que ver con una visión moderna de la divinidad, que en el siglo XIV sólo podía provocar dolores de cabeza y sufrimientos. Pero los hechos que consignó en su cuaderno aquella noche, a pesar de su gravedad desde un punto de vista cristiano, son de una lucidez extraordinaria y me hicieron reflexionar mucho durante mi lectura de la crónica del maestro Aloi.

Ya hemos dicho que el escultor volvió de su paseo profundamente preocupado. Es lógico que la presencia del aya a las puertas del monasterio acentuase todavía más su angustia. La vio de lejos, una figura negra que movía los brazos como si la amenazara algún peligro. A medida que fue acercándose comprendió que las señas pretendían llamar su atención. Pero la figura no se movió de la puerta y él aceleró el paso mientras notaba su corazón intentando ampliar latido a latido el espacio que le correspondía.

—Por fin os encuentro, maestro Aloi —gritó el aya cuando apenas los separaban unos metros—. Os he buscado por todas partes y un monje me ha dicho que os había visto salir en dirección al campo.

—He decidido recobrar fuerzas con un paseo por los alrededores —dijo Aloi después de comprobar que el rostro del aya tenía la misma expresión de asco.

—Por un momento he pensado que habíais huido —respondió el aya, como si estuviese decepcionada.

—¿Qué ha pasado? ¡Decidme! —la instó Aloi.

—La reina pregunta por vos. Creo que quiere agradeceros vuestros esfuerzos antes de partir.

—¡La reina quiere verme!

El tono de sus palabras quizá confirmó las sospechas del aya, pero Aloi no tenía ninguna intención de preocuparse por lo que pudiera pensar aquella mujer.

La siguió hasta el interior del recinto mientras dudaba si preguntarle por el estado de Leonor. Debía de tener informaciones que él aún no conocía, pero quizá la reina lo pondría en antecedentes de lo sucedido, de los motivos de aquella marcha tan poco lógica.

Cada vez era más fácil cruzar de punta a punta el monasterio sin encontrarse a alguien. Los monjes se concentraban en el dormitorio y los escasos hombres de la pequeña guardia que había dejado el rey en Poblet pasaban las horas cerca de las estancias del antiguo abad Copons. La señora de Gastão y Aloi llegaron sin oposición a su destino, pero en lugar de entrar en la habitación de la reina, el aya siguió caminando por el claustro alto hasta llegar a una abertura donde el escultor no había entrado nunca. La presencia de una escalera que bajaba en una oscuridad casi impenetrable lo hicieron dudar.

—¿Qué camino es éste? ¿La reina no está en su habitación? —preguntó Aloi, que no se atrevía a aventurarse, y menos aún cuando vio que el aya quería que entrase primero.

—Confiad en mí, maestro Aloi. Sigo las órdenes de la reina Leonor y ella quiere agradeceros vuestras atenciones en privado —respondió la anciana al tiempo que con un gesto dejaba entrever que la idea no le gustaba nada.

—¿Vos no venís? —dudó Aloi al observar que un hombre armado tomaba posiciones muy cerca.

—Ya me gustaría, maestro, pero la reina tiene ideas propias sobre cómo hay que hacer las cosas. Si el rey Pere se enterase tendríamos muchos problemas, supongo que lo entendéis —dijo el aya como si todo formara parte de una confabulación que él no podía traicionar.

Aloi de Montbrai se lo pensó dos veces, pero finalmente se introdujo en aquella boca de lobo sin saber adónde conducía y con muchas dudas sobre lo que sucedería durante los próximos minutos. La escalera descendía en medio de una oscuridad casi absoluta y creyó que lo conduciría al claustro bajo, pero pronto se encontró en una pequeña estancia iluminada sólo con una vela. Cuando se acostumbró a la claridad tenue de la cera, descubrió a la reina sentada en un banco de piedra adosado a la pared.

—¡Señora! ¿Qué hacéis en este inmundo cubil? ¿Por qué os habéis levantado? ¡Cogeréis frío!

—Necesitaba hablar con vos, maestro Aloi, y no podía hacerlo con toda la gente que ha invadido mi habitación para hacer el equipaje —con aquella claridad de cirio su palidez desaparecía, pero Aloi era capaz de intuirla mientras su corazón continuaba la carrera que había empezado demasiadas horas atrás.

—Decid, pues, pero si queréis agradecerme algo no es necesario. Ha sido un placer cuidar de una reina. Nunca habría imaginado que tendría esa suerte.

—¡De eso se trata, de placer! —La voz de Leonor adquirió de repente aquella suavidad que Aloi tanto admiraba—. Un placer que quizá aún no ha comenzado y que amenaza con no hacerlo nunca.

—No os entiendo, señora —dijo el escultor, que cada vez entendía menos qué hacían los dos solos en aquella estancia perdida.

—¿Estáis seguro de eso?

Aloi de Montbrai no podía estar seguro de nada. Después de señalar el extremo del banco de piedra más alejado de la reina le preguntó con un gesto si podía sentarse. El paseo, las dudas, la angustia habían convertido sus piernas en una masa sin músculo que se resistía a sostenerlo.

—Me han dicho que partís hacia tierras más propicias —dijo por toda respuesta Aloi, arrepintiéndose enseguida de no aventurarse a adivinar las intenciones de la reina.

—¡Oh! ¡Esa idea peregrina del médico! Pero no puedo evitarlo, lleva una orden real que nadie, ni yo misma, osaría contradecir. Por eso os quería ver, porque partiré dentro de pocas horas, posiblemente antes de vísperas.

—Pero yo no he encontrado ningún rastro de la pestilencia en vos. ¿El médico os ha hecho un examen más completo?

—El médico ni siquiera se ha atrevido a tocarme. Le ha bastado con saber cuál es la situación del monasterio y con oír las explicaciones del aya. Pero yo no podía irme sin encontrarme otra vez con vos, maestro Aloi.

—Entiendo, señora —mintió Aloi, que cada vez entendía menos aquel encuentro—. Pero no deberíais estar fuera de la cama si el médico ha dictaminado que estáis enferma.

—¡Por todos los demonios! —exclamó la reina de repente, dejando helado al escultor—. ¿Queréis dejar de lado un instante todas estas formalidades? ¿No habéis pensado que me voy y que quizá no volveremos a vernos nunca más?

La pregunta de Leonor provocó que Aloi se levantara del banco y se alejase unos metros hasta chocar contra la pared opuesta de aquella estancia que al escultor le parecía minúscula. No se atrevía a mirarla, pero ella sabía cómo captar su atención más profunda.

—Aloi de Montbrai —dijo con la voz melodiosa que Aloi tanto admiraba—. ¿No pensáis hacerme un último examen? ¡Yo sólo confío en vos!

El maestro Aloi había abierto los ojos y vio cómo la reina dejaba caer el vestido y se quedaba desnuda ante sus ojos que ya se habían acostumbrado a la oscuridad.

Quizá tuvo un momento de sensatez y quiso huir escalera arriba, pero esa idea en ningún momento aparece escrita en su cuaderno. Se acercó tembloroso hasta que sintió, sin tocarlo aún, el calor que desprendía su piel. La reina lo cogió por los hombros y lo hizo arrodillarse hasta que la posición le permitió atraerlo hacia su vientre liso y blanquísimo.

Si días atrás había sido el caballero Bernat de Palau, el malogrado regente de los destinos de Poblet durante aquellos ocho días eternos, quien observaba la marcha de Aloi de Montbrai hacia la granja de Milmanda, ahora se trataba del escultor quien, después de subir al más alto de los andamios que ya nadie utilizaba, se esforzaba sobremanera para distinguir, entre la comitiva, el carruaje que conducía a la reina hacia tierras para él desconocidas.

Nunca había ejercido su oficio más allá del Ebro, pero sentía deseos de correr tras los viajeros y unirse al destino de la reina. De poco le servía la promesa de Leonor, ni la sonrisa final que le había dirigido sin importarle la presencia del padre Serafí. Lo que había sucedido en aquella estancia, lejos de atemorizarlo, le había dado motivos para no volver a tener nunca más la sensación de que era un hombre como cualquier otro, con un don que podía haberle correspondido por casualidad. Él, Aloi de Montbrai, había tenido a una reina entre sus brazos y desde el primer momento supo que no olvidaría aquella tarde.

Permaneció en el andamio hasta que el sol se escondió por completo tras el horizonte, como si esperase una última aparición de la comitiva gracias a alguna curva del camino. Cuando vio que la noche le impediría bajar sin poner en peligro su vida, empezó a descender poco a poco. Sentía que su corazón lloraba, que no podría dejar de hacerlo hasta que volviera a encontrarse con la reina, pero también sospechaba que su deseo no se cumpliría.

Como si lo hubiese esperado durante horas —claro, que quizá había pasado todo aquel tiempo sin que él se diera cuenta—, el padre Serafí estaba sentado al pie de los andamios.

—Debéis acompañarme a la iglesia, Aloi de Montbrai —era una orden sin negativa posible, y el escultor se preguntó qué nueva desgracia habría que atender ahora que su cuerpo aún estaba lleno de unas sensaciones que nunca antes había experimentado con tanta fuerza.

—¿Tampoco ahora me permitiréis unas horas de descanso, padre Serafí? —respondió con una rebeldía desconocida.

—Me parece que ya habéis descansado bastante. Ahora es necesario que recéis por vuestros pecados —el monje no quería oír ninguna réplica más, sólo que lo acompañase sin más tardanza.

—¿No querréis llevarme a la iglesia para que pida perdón a Dios por el amor que siento dentro de mí? ¡Jamás lo haré!

—¿Cómo osáis? Estáis bajo mis órdenes.

—Os engañáis del todo, padre, yo soy un ciudadano libre. Hace tiempo que tengo residencia en Barcelona, aunque no haya vivido mucho en ella. El mismo rey me concedió ese privilegio.

—Eso que decís también es pecado; de insolencia hacia vuestro rey, uno más para añadir a vuestro recuento final.

—Sólo debo rendir cuentas al rey, padre Serafí. Además, vos ni siquiera sois el abad de este monasterio. No sois capaz de entregaros sin trabas a vuestra causa. ¿Y sabéis por qué? Porque no creéis, hace tiempo que ya no creéis en vuestro Señor. Lo comprendí cuando la reina os pidió confesión y se la negasteis. No sois capaz de asumir que sea Él el causante de tanta desgracia. Vos también sois un rebelde, y pensáis que si Dios existe no hay justicia en sus actos.

El padre Serafí se quedó más blanco que la misma reina, pero el escultor se sentía cada vez más fuerte. Entró en el recinto mientras miraba la figura del monje recortada en la noche, inmóvil, deseando tal vez que un carro de fuego se llevara para siempre el alma de aquel escultor capaz de ver más allá de los pensamientos, de penetrar las luchas más profundas y vergonzosas de los hombres.

XVII

La primera impresión sorprendente de este lunes por la mañana es la extrema facilidad con la que transcurre. Hace rato que hemos pasado la salida de Tarragona y viajamos a buen ritmo, sobre todo teniendo en cuenta los años que acumula el coche de Beatriu. Digo que sorprende porque después de la pasada noche me he levantado inquieto, hecho un mar de dudas, de angustias.

Cuando me he despertado Beatriu ya se había duchado, había hecho el equipaje, que esperaba muy cerca de la puerta, y debía de estar desayunando bañada por el sol tenue de las primeras horas. Yo era como un oso hormiguero que ha pasado toda la noche en el cubil de la hormiga reina. Sentía aún el calor de su cuerpo, las escasas palabras, las manos pequeñas que no podían abarcar las mías. Pero también me preguntaba cómo sería la vida después, qué pasaría con lo que yo llamaba mi independencia solitaria, con la investigación sobre el maestro Aloi, sobre la muerte de Ricard, con la expresión del profesor Badia si algún día llegaba a enterarse.

Ahora, mientras atravesamos el Penedès a velocidades casi legales, me doy cuenta de que hace tiempo que estoy solo. La consecuencia de ello es que he adquirido la costumbre de magnificar sucesos que muy a menudo forman parte del natural devenir del mundo.

Así me lo ha hecho notar Beatriu desde que la he encontrado en la terraza del hotel, con el cuerpo en una silla y las piernas en otra y tomando el sol como si estuviera en una playa de Tossa de Mar. Al verla he sentido el deseo de abrazarla, de volver a experimentar la carnosidad de sus labios pequeños, pero ella se ha limitado a desearme un buen día extremadamente lacónico y a recomendarme que desayune deprisa porque nos vamos en quince minutos.

—¡Gracias por no darme nueve segundos! —le he contestado, dispuesto a empezar el día con una sonrisa, pero ella no ha hecho ningún signo evidente de captar la broma.

Un observador imparcial no habría notado por su actitud lo que había sucedido esa noche. Quizá sólo en algún detalle aislado, en la manera, por ejemplo, de acercar su cuerpo al entrar en el coche después de repostar gasolina, recostándose en mí para comprobar qué estoy consultando en el mapa de carreteras.

—¿No creerás que no sé ir de Poblet a Barcelona? —ha dicho antes de ver que miraba con detenimiento la ruta que habíamos hecho el día anterior hasta Vallbona de les Monges.

No me imaginaba, sin embargo, una despedida tan dulce y tan áspera a la vez. Nada más llegar a la ciudad le he dicho que podía dejarme en la esquina de Diagonal con el Passeig de Gràcia, que iré a pie hasta Lesseps. En ningún momento se ha ofrecido a llevarme. Ha parado el coche, me ha dado un beso suave y húmedo en los labios y me ha dejado marchar, pero antes…

—¿Piensas huir o nos vemos esta tarde para aclarar objetivos?

Podría haber contestado que no pensaba huir de ninguna de las maneras. No lo he hecho. Ante mi silencio, ella ha abierto la puerta del coche y me ha dicho que hacia las cinco tomaría un café en el bar de la librería Laie. Después ha consultado el reloj y ha pisado el acelerador a fondo. Apenas he tenido tiempo de salir y cerrar la puerta.

Me quedo unos segundos observando cómo el Golf sortea con habilidad el tráfico de la Diagonal, pero enseguida tomo conciencia de que la ciudad me obliga a apresurarme, de que a los viandantes les sorprende encontrar a una persona inmóvil en medio de la acera. Me siento bien, como si hubiera a vuelto a casa después de haber viajado a los confines del mundo conocido.

De pronto decido coger un catarro de los que te impiden ir a clase en una semana, de los que te enmudecen. Incluso ensayo algunos gestos en que intento hablar sin que ningún sonido salga de mi boca. Abandono la idea de pasar por casa y bajo por el Passeig de Gràcia, me paro a mirar las ofertas del Happy Books, donde siempre encuentro algún libro con ilustraciones que me resulta interesante. Siento como si todo lo sucedido en estas últimas horas fuera una especie de trastorno mental transitorio, pero la memoria de la noche pasada es más fuerte que cualquier duda.

Llego a la librería Laie a la hora en punto. Algo me dice que Beatriu lleva tiempo esperando, posiblemente en alguna de las mesas al aire libre que hay al fondo de la cafetería. En pocas horas he adquirido otra vez la costumbre de imaginarla, pero todavía no soy capaz de analizar las causas de ello. Lo cierto es que me gusta tenerla en el pensamiento, pasar revista a los momentos, escasos aún, de este inesperado reencuentro.

Cuando traspaso la puerta que da a la librería, o al bar si sigues por la escalera, me enfrento a la misma tentación de siempre. Doy un vistazo rápido a las vitrinas del pequeño recibidor. Hay mucha literatura de la que me gusta: Sebald, Magris, Vila-Matas, autores que me ayudan cuando he de redactar un artículo o un pequeño ensayo, escritos que me hacen conectar con la parte creativa que siempre está presente detrás de la reconstrucción histórica, por mucho que les pese a los recalcitrantes.

Beatriu no me espera en el interior del local sino en una de las pequeñas mesas que hay justo a la entrada. Se ha recogido el cabello con unas agujas y, cuando se levanta y me besa en la mejilla, me digo que así parece más estilizada, quizá porque no esconde su cuello largo y delgado.

No sé si esperaba un recibimiento diferente, pero parece que Beatriu ha decidido que juntar el trabajo con el placer no es algo deseable. Para mí es una opción difícil. Volver a verla me hace retroceder hasta la noche anterior, y de repente pienso que me he pasado el día haciéndolo. Pero el relato de su encuentro con Jaume Badia convierte nuestro pequeño *affaire* en un asunto aplazable.

—No sé si te había comentado que el profesor Badia es mi director de tesis —explica mientras bebe uno de esos tés exóticos que a mí tanto me gustan.

—Por lo visto últimamente ignoramos demasiadas cosas el uno del otro. De todos modos, eso es lo que entendí por lo que decías, aunque no acabo de comprender los motivos.

—¿Porque en algún momento tuvimos una historia? —pregunta Beatriu, tan provocadora como siempre—. Además hay un motivo que está por encima de cualquier otro: es el mejor historiador de este país.

Sí, sobre eso no creo que nadie tenga duda alguna. Jaume Badia i Cornellà nació en Francia, creo que en Toulouse, durante el exilio de sus padres. Éstos eran dos jóvenes intelectuales que se habían unido a las brigadas de la CNT y que, tras la toma de Barcelona por las tropas franquistas, vieron claramente que su única salida era huir a Francia. Un destino, pues, común a muchas personas de la época.

Pero ellos volvieron a finales de los cincuenta, según me contó algún compañero de clase. Traían consigo a un niño flaco y enfermizo que poco antes de cumplir los cinco años ya sabía explicar las diferencias entre el románico y el gótico. Posiblemente los padres querían ofrecer a ese hijo tardío las oportunidades que ellos no habían tenido. El caso es que estudió en la Escola Massana y cuando tuvo edad de hacer el bachillerato lo enviaron de vuelta a París. Más tarde, en la universidad francesa, estudió con historiadores del prestigio de Georges Duby o Pierre Toubert, y se convirtió en pocos años en el alumno aventajado que siempre ha presumido de ser.

Su segunda llegada a Barcelona, a mediados de los ochenta, la hizo como el doctor en historia más prestigioso de Francia, y fue contratado casi de inmediato por una universidad ávida de lo que se había dado en llamar talentos recuperados. Desde entonces, su trayectoria ha sido sólida e imparable. Actualmente es el catedrático de historia medieval más influyente de Cataluña y uno de los estudiosos de la materia más reconocidos de la Unión Europea y Estados Unidos. El resto del mundo, comenta el profesor Badia con una actitud que le resta puntos ante muchos alumnos y colegas, no forma parte de la cuna de la civilización.

—¿Qué le contaste exactamente al profesor Badia? —me pregunta mientras pido a la camarera un té menos dulzón que el de mi amiga.

—No lo recuerdo bien —contesto—, pero supongo que casi todo. Ya sabes lo difícil que es hablar con él sin poner todas las cartas sobre la mesa. ¿Por qué lo preguntas?

—Porque se ha pasado todo el almuerzo pidiéndome información sobre lo que había sucedido en Poblet.

—Eso es porque va detrás de algo, no lo dudes —le digo sopesando las posibilidades.

—Ya, soy consciente de ello, pero no es una actitud muy habitual en él. Nunca lo he visto tan interesado en el trabajo de un alumno, ni siquiera en las líneas de investigación que dejaba caer como si nos regalara temas y que si indagabas un poco no eran tan importantes como parecía.

—La verdad es que nunca seguí ninguna línea de investigación de las que proponía —explico con cierto orgullo—. Siempre me decía que era un alumno con ideas propias.

Beatriu no presta mucha atención a mis palabras. Parece calibrar el alcance de la experiencia con el profesor Badia. Al mismo tiempo, pienso, rezuma cierta decepción, como si el personaje no nos hubiera demostrado sobradamente que la ética es muy distinta de la estética.

—Quería saberlo todo, Enric. También me preguntó si conocía bien la obra de Domènech i Montaner hasta el punto de poder asegurarle la inexistencia de cualquier mención al manuscrito de Aloi de Montbrai.

—¿Y qué le has dicho? —reconozco que mi interés va en aumento.

—Pues que no encontraría ninguna referencia, ni en Domènech i Montaner ni en ningún otro autor de aquella época.

—Pero eso no ha evitado que siguiera preguntando… —aventuro, convencido de mis palabras.

—Veo que no te fías, Enric —dice, pero ella aún no sabe cómo enfrentarse a ello.

—Bueno, puede que sólo sea curiosidad, pero pienso que debemos ir con cuidado. No sé si has pensado en las implicaciones que tiene el manuscrito de Aloi. Por un lado parece que alberga un secreto muy bien guardado, como el asesinato de la reina Leonor, si hemos de creer las notas de Domènech i Montaner, pero por otro lado nos encontramos ante un texto fundamental por la luz que arroja sobre el que tal vez sea el escultor gótico más importante del siglo XIV, al menos uno de los que más obras de mérito hizo para la corona catalanoaragonesa. Es muy atractivo, quizá demasiado, para un historiador tan interesado por las artes como es Jaume Badia.

—Pero si tanto le interesaba, ¿por qué no te ofreció su ayuda directa en lugar de decirte que hablases conmigo? —pregunta Beatriu con cierta lógica.

No tengo respuesta para ese razonamiento, aunque tenga la impresión que el profesor nunca se me ha mostrado muy cercano, tal vez porque en los últimos meses de la carrera discutí algunas de sus opiniones. Pero eso son conjeturas y pueden estar alejadas de la realidad. Al fin y al cabo, fue una influencia importante para que yo ganara la plaza provisional que ahora tengo.

—Ahora lo lamento —continúa Beatriu—, pero también le hablé de Guillem Rosa y de cómo ha prometido ayudarnos.

—Lo que hayas hecho, hecho está —le digo, y comprendo su confusión ante una actitud tan inquisitiva—. De todos modos, me preocupan más las amenazas del hombre de los tejanos, sobre todo porque si trabajamos con la hipótesis del asesinato de Ricard, de la pintada, me da miedo pensar quién puede estar detrás.

—¿Y no crees que era un loco, Enric? A veces, tú lo sabes, te encuentras con personas que no quieren sacar a la luz asuntos del pasado. A menudo son familiares o gente fanática que no acepta la inevitabilidad de la Historia…

Tal vez, pienso mientras Beatriu desgrana sus razones, pero sigue sin gustarme que me amenacen. Y eso sin contar la extraña presencia del espía que nos vigilaba en el claustro de Vallbona de les Monges.

—Tengo otra noticia —me sorprende al tiempo que me hace dudar, pero pronto me tranquiliza—: y tiene que ver con el padre Guillem. Sobre eso no le he contado nada al profesor Badia, pero el abad me ha dicho que este fin de semana nos ayudará a encontrar la crónica del maestro Aloi.

—Siempre lo llamas «el abad», pero ya no lo es. Tú no respetas las normas —bromeo, una vez más sin éxito.

—¡Si lo hubieras conocido entonces, Enric! Era un hombre capaz de cualquier cosa para encontrar la verdad. No se merece lo que le han hecho, desterrado de su abadía en un monasterio de monjas…

—Sí, tal vez sea el peor castigo que le podían imponer.

Beatriu me mira con cara de pocos amigos. Ha captado de lleno mi ironía y acaba riéndose, preguntándome si tengo alguna queja contra las mujeres. Quiero responderle que ayer no, pero que hoy empiezo a tener alguna, pero ella plantea una última duda.

—De todos modos, no sé cómo piensa abandonar el monasterio el padre Guillem y plantarse en Poblet como si no pasara nada. El abad actual, Miquel de Rubí, no es que sea un ferviente partidario suyo.

—Nunca me has contado qué pasó para que lo destituyeran. Sin duda tenía que ser un problema muy grande, porque tengo entendido que no es habitual, dentro de la Iglesia, ir castigando abades.

—Pero será mejor en otro momento, Enric. Ahora quiero que vayamos a comprobar una cosa. Tú has dicho que la fotografía de Domènech estaba entre sus papeles, pero no creo que tuvieses mucho tiempo para mirarlos a fondo.

—Pensaba que tú ya lo habías hecho —le digo, un poco sorprendido.

—Claro que sí, pero no iba buscando nada en concreto. Quiero ver ese grupo de papeles donde encontraste la fotografía, los apuntes para su tratado sobre Poblet, y comprobar que no hay ninguna otra referencia.

—Vale, pero no será fácil. En el Colegio de Arquitectos son un poco ariscos y no sé si dejé buena impresión.

—Puedes estar tranquilo —dice, mostrándome una tarjeta plastificada—; tengo una superautorización. Hecha por el propio decano del Colegio, además. Por cierto, ni se te ocurra llevar la fotografía encima.

—Soy un ladrón sin experiencia, pero no soy idiota.

—No sé, no sé…

La aclaración queda entendida, aunque ella sigue riéndose cuando se levanta para ir a la barra a pagar las consumiciones. Camino del Colegio de Arquitectos rezo para que la responsable del archivo se haya cogido fiesta. No tenemos tanta suerte. Es más, enseguida encuentro nuevos motivos para preocuparme.

Es una de esas sensaciones que entran en el cerebro, se dan una vuelta por ahí y luego se van garganta abajo obligándote a tragar saliva para digerirlas. Nada más entrar en el vestíbulo de la biblioteca noto tres o cuatro miradas que se interesan por nosotros. Las dos mujeres que hay en el mostrador cruzan un gesto que hace que una de ellas desaparezca por la puerta de los despachos, otra que ordena libros al principio de la sala de lectura se queda inmóvil hasta que los volúmenes acumulados en los brazos están a punto de caérsele, y aún otro, un hombre que está leyendo en la primera mesa accesible, deja el libro sobre la mesa y se apoya en la silla, como si su intención fuese descansar de la lectura y fumarse un cigarrillo imaginario.

Alguna especie de instinto ancestral hace que coja la mano de

Beatriu, una modalidad que aún no hemos practicado como Dios manda. El resultado es que da un pequeño bote de sorpresa y me mira con una sonrisa forzada mientras la mujer de los pechos abundantes emerge de las profundidades de los despachos. Lo hace con paso animoso y un semblante de feliz reencuentro que se altera un poco al detectar que voy acompañado.

—¡Hola! —dice la archivera aparentando normalidad absoluta.

—¡Hola! —contesta Beatriu lacónica, mostrándole el carné especial, y yo me limito a levantar la mano libre y hacerle un gesto que pueda interpretar como de complicidad.

Tiene que ser muy especial esa autorización. La archivera se vuelve blanda y servicial y se limita a facilitarnos las cosas. Todo es bastante distinto de mi primera visita, hasta el punto que subimos en ascensor nada más entrar en el archivo y nos da amplia información sobre los contenidos de las carpetas que hay a nuestro alcance.

—Gracias, pero mi compañero y yo tenemos un interés común, que son los estudios de Domènech i Montaner sobre Poblet —apunta Beatriu, convincente y casi exigente.

—Me lo imaginaba —responde la archivera mirándome con un toque de ironía en los ojos—. Entonces les daré la carpeta que contiene los materiales sobre Poblet. A las siete cerramos al público, pero yo me quedaré hasta las ocho. Pueden tomarse ese tiempo si lo necesitan.

Consulto el reloj que señala las cinco y media, tiempo suficiente para echarles una ojeada. Beatriu le da las gracias con fría cortesía, y pienso que nos haría falta un carné parecido para atravesar los muros de Poblet. Pronto tenemos delante las notas que Domènech i Montaner tomó sobre el monasterio y que yo había revisado sin más éxito que el ya conocido.

Beatriu me explica su historia familiar, cómo han ido pasando de generación en generación los escasos datos que tenían sobre Domènech i Montaner, pero no añade nada a lo que ya conocía. Entretanto, pasa revista a buen ritmo a las notas, esquemas y dibujos del arquitecto. Se nota claramente la seguridad y la experiencia en la búsqueda, pues avanza a gran velocidad. Cerca de las siete de la tarde se da por vencida.

—¿Sabes qué te digo?, que no hay ningún tipo de referencia al cuaderno del maestro Aloi, al menos no entre estos papeles. Sí que cita al escultor, por supuesto, pero como un personaje más de la historia del monasterio.

—¿Entiendes algo? —le pregunto, decepcionado yo también; pensaba que su conocimiento del autor le permitiría descubrir un indicio, un signo oculto de la crónica.

—Tal vez a la Iglesia no le interesaba que la crónica se conociera —apunto, arriesgando mucho con mis apreciaciones—. Tal vez fuera ése el motivo de entregar el libro al monje de la fotografía...

—Ya —responde Beatriu, batalladora—, y si fue así, si tanto le importaba a la Iglesia silenciarlo, ¿por qué permitió la fotografía?

—No lo sé, Beatriu. ¡Ha pasado un siglo! No va a resultarnos nada fácil adivinarlo. Pero quizá fue eso, la necesidad de silenciar los hechos —me aventuro a decir por primera vez—, lo que acabó con la vida de nuestro amigo.

—De todos modos, es una buena intuición, Enric. Puede que a la Iglesia tampoco ahora le haga ninguna gracia divulgar las reflexiones del maestro Aloi.

—¿Hasta el punto de amenazar o asesinar?

—A mí no me acaba de cuadrar, pero es lo que tenemos.

Minutos más tarde caminamos ya entre las estanterías. Encontramos a la archivera sentada a una mesa del fondo de la sala. Nos mira con curiosidad; quizá no esperaba que acabáramos tan pronto. Poco después nos acompaña a la salida.

—¿Qué hacemos, ahora? —digo mientras bajamos por la escalera; Beatriz evita los ascensores siempre que puede.

—El único camino es darle vueltas a lo que sabemos. ¡Vayamos a mi casa!

Eso no me lo esperaba. Bajamos al aparcamiento de la plaça de Catalunya y allí encontramos el Golf, después de un rato interminable, entre dos estrechas columnas. En pocos minutos enfilamos la Diagonal hacia Sant Andreu. No soy un acompañante muy entretenido. Quizá porque no encuentro nada que nos hayamos saltado. Nos amenazan, nos siguen, tenemos esa sensación de que en todas partes nos están esperando, pero la muerte de Ricard sigue siendo una incógnita. Todo ese lío con la reina Leonor parece haberlo dejado en segundo término, pero sigo pensando que nuestro amigo es la clave de lo que está sucediendo. Al llegar a Sant Andreu, la curiosidad por ver su casa después de tanto tiempo vence poco a poco cualquier otra.

XVIII

Pasaron dos meses antes de que llegara del exterior alguna novedad digna de mención. Al monasterio sólo acudían viajeros y campesinos que, viendo acercarse el final, buscaban consuelo y una muerte en gracia de Dios. Las historias de aquellos moribundos provocaban deserciones en masa de las obligaciones de la vida cotidiana. Era más fácil encontrar personas rezando por su vida que llevando a cabo las tareas necesarias para hacerla posible.

Durante todo ese tiempo no se tuvieron noticias de Pere el Ceremonioso, ni de su reina recluida en un pueblo apartado del reino de Valencia. Con todo el territorio asolado por la Peste Negra, a nadie le pareció extraño el olvido que planeaba sobre el monasterio de Poblet.

Pocos comprendieron que la principal ocupación del recinto tenía que ser la supervivencia. Más de la mitad de los monjes y buena parte de los hermanos legos habían muerto, y también, en cantidades parecidas, los campesinos de las granjas satélites. A ese número de defunciones había que añadir también las familias enteras de trabajadores y comerciantes que vivían del monasterio y que, sin trabajo ni perspectivas de negocio, huían a tierras menos castigadas por la plaga. Todo ello nos da una idea de hasta qué punto la mano de obra era un bien escasísimo y de cómo los habitantes del monasterio tenían que multiplicar cada vez más sus funciones si querían salir adelante.

Rodeado de ese ambiente, Aloi de Montbrai se concentró en su oficio como pocas veces lo había hecho. En descargo suyo por esa actitud egoísta, se dijo que ver cómo se retomaban los trabajos de construcción, aunque fuera a través de la escultura, podía hacer creer a algunos habitantes del cenobio que había un futuro, o que el rey, si volvía algún día por aquellas tierras, se sentiría satisfecho.

Aloi se enfrentó en solitario a los capiteles que habían quedado abandonados y mejoró otras pequeñas esculturas del claustro. Su cincel sacaba humo de las excelentes piedras traídas de Besalú, y el esfuerzo creativo, asociado al recuerdo de la reina, lo hacía vivir en una armonía casi mística. Pero el impulso que movía al escultor a mantenerse ocupado no se correspondía con la actitud de los demás supervivientes. Las condiciones de vida, con buena parte de los campos abandonados, eran tan extremas que se prestaba poca atención a lo que no fuera llegar al día siguiente.

Al escultor lo extrañaba el silencio del padre Serafí. No habían vuelto a hablar en todo aquel tiempo y sin embargo Aloi sentía su presencia cercana; tanto era así que a veces creía percibir su olor personal detrás de alguna columna o en los bancos de la iglesia. El monje, sin ofrecerse en ningún momento como sucesor del abad Bernat, se convirtió en el guía de sus destinos con mano firme e incontestable. Organizaba las tareas diarias, atendía a los enfermos, visitaba las granjas vecinas para comprobar personalmente el alcance del desastre.

También, en alguna ocasión, Aloi lo descubrió sentado muy cerca de él. Mientras el escultor daba forma a una bicha o a un episodio de las Sagradas Escrituras, el padre Serafí se sentaba unos metros más allá o se paraba en la fuente más de lo necesario.

Pero gran parte del tiempo Aloi trabajaba en solitario, sólo interrumpido a veces por el pequeño Guillem, que combatía su aburrimiento yendo de un lado a otro del monasterio. Las únicas anotaciones que el escultor consignó en el cuaderno nada dicen sobre su relación con Miriam; de hecho, en lo que pude leer ya no vuelve a aparecer. Sí que hablan, sin embargo, de su extrañeza ante el silencio de la reina. Le resultaba difícil entender que no fuera capaz de hacerle llegar ningún mensaje que lo tranquilizase, ninguna noticia sobre su estado. A veces pensaba que lo había olvidado. Y era un razonamiento fácil de argumentar, según su punto de vista. ¿Qué interés podía tener Leonor en mantener un contacto tan peligroso? ¿Cómo no deducir en los momentos más bajos que la reina, alejada de la magia de las historias que Aloi le contaba, había convertido su fugaz encuentro en un episodio más de una vida sin duda llena de acontecimientos?

Fue su hijo quien una mañana esplendorosa de octubre, tan radiante que parecía haber vuelto el verano, entró corriendo en el claustro para advertirlo de la llegada de hombres armados. El escultor no hizo mucho caso, convencido como estaba aquel día de que la reina no deseaba prolongar su fugaz historia de amor. Pero enseguida oyó los caballos y el ruido inconfundible de las fuertes pisadas y el tintineo de las espuelas.

Se sobresaltó. Sólo podía tratarse de caballeros o de bandidos que pretendían tomar a la fuerza el recinto, aunque eso último era más extraño si no querían desatar la ira del rey.

Dejó el cincel sobre el banco para dirigirse a la puerta, pero una voz exigente lo sorprendió desde el interior mismo del claustro.

—¡Aloi de Montbrai! ¿Acaso han muerto todos en este monasterio que nadie sale a recibir a su rey?

—¡Señor! —respondió confundido Aloi, que no esperaba una

aparición tan repentina—. Lo lamento, pero no queda mucha gente en Poblet. Muchos han muerto y a estas horas casi todos los brazos disponibles se van a los campos cercanos.

—Por supuesto —dijo el rey sin mucho entusiasmo—. La pestilencia me está dejando sin súbditos, maestro Aloi. Además de haberme privado de la juventud de Leonor.

Aquella noticia atravesó el corazón de Aloi de Montbrai como una puñalada. ¡La reina había muerto! La causa de su silencio era tan sencilla como ésa; se había ido para siempre sin que él tuviese ocasión de llorarla. Se dejó caer sobre la piedra, aunque el rey seguía de pie y lo miraba con extrañeza.

—¿Qué os pasa, maestro Aloi? ¿No tendréis también vos la enfermedad?

—¿Cómo? No, no, supongo que estoy agotado, la falta de alimento… —se excusó Aloi, esperando que el argumento llegara a convencer al rey.

Pere el Ceremonioso no tenía intención de preocuparse por los problemas físicos del escultor. La plaga estaba convirtiendo buena parte de su reino en un territorio vacío de presencia humana y, lo que era peor, improductivo. Las desavenencias con el patriciado urbano de Barcelona no se habían resuelto a pesar de sus esfuerzos, y la Iglesia mantenía aún una posición ambigua a la espera de acontecimientos.

De poco había servido que Arnau Durfort lo aconsejara de lo inoportuno que era un nuevo viaje a Poblet, y más en aquel momento, cuando el caballero estaba a punto de convencer a su familia para llegar a un acuerdo entre las dos partes. La muerte de Leonor de Portugal había convencido al rey de que la obra de los Panteones era prioritaria, y se proponía viajar él mismo a las montañas de Castellón para traer a la reina de vuelta al monasterio y hacerse cargo de las princesas Constança y Joana, que permanecían custodiadas en la ciudad de Xèrica.

Las cada vez menos veladas amenazas de los revoltosos habían dejado de importarle.

—¡Señor! ¿Cómo no habéis informado de vuestra llegada? —dijo el padre Serafí al entrar en el claustro acalorado, en compañía de otros monjes cargados con aperos de labranza.

—¡Padre Serafí! ¿Sois vos el nuevo abad? Me han dicho que Bernat de Palau no duró mucho —inquirió el rey.

—El padre Serafí ejerce como abad; con buen juicio a pesar de no haber sido elegido —respondió Aloi que, por primera vez en mucho tiempo, miraba al monje a los ojos.

—Muy bien, muy bien —dijo con poco entusiasmo el rey—. Será cuestión de preparar su nombramiento. Pero habrá tiempo para eso. Ahora quiero hablar con el maestro Aloi, si la Iglesia no se opone.

La firmeza y el tono de sus palabras hacía del todo imposible cualquier oposición, pero tanto el padre Serafí como los otros monjes se sorprendieron ante aquella iniciativa. Pere el Ceremonioso, nada más llegar al monasterio de Poblet, escogía como interlocutor inmediato a un escultor.

Cuando se quedaron solos en el claustro, el rey interrogó a Aloi sobre la posibilidad de preparar el funeral de la difunta en un tiempo no superior a dos semanas.

—¿Seréis capaz de esculpir una tumba digna de la reina?

—Lo seré, si así lo deseáis, señor —afirmó Aloi sabiendo que no podía decir otra cosa.

—Me complace, maestro Aloi, pero tendremos tiempo de hablar de ello. Ahora mismo querría partir en busca del cuerpo de mi esposa y traerla al monasterio. Tendréis todo el cenobio a vuestra disposición.

—La situación no es buena, señor. No creo que puedan ayudar mucho. La mayoría de los monjes apenas pueden valerse por sí mismos.

—Pues haremos que lo sea. Quiero que mi reina tenga un funeral digno. Que ya nos ocuparemos después de la ubicación de las tumbas.

Aloi sabía por su experiencia como escultor del rey en Barcelona que no se podía ir contra su voluntad y, si lo pensaba bien, podía complacerlo. Los nuevos bloques de piedra traídos de las canteras de Besalú aún esperaban a las puertas del recinto, y sólo necesitaba ayuda para moverlos y algunos hombres que conocieran el oficio. En dos semanas esculpiría la mejor tumba que se hubiera ofrecido nunca a una reina en este mundo.

Pero otra cosa le ocupaba el pensamiento. Su Leonor había salido del monasterio sin ningún rastro evidente de la enfermedad en el cuerpo; nadie podía certificarlo con más certeza que él, que la había tenido desnuda entre sus brazos. ¡Y ahora le decían que esculpiera su tumba! Claro está que no podía preguntar de manera directa al rey la causa de su muerte. Pero necesitaba conocerla.

—El médico dijo que el aire de aquellas montañas le sentaría bien, que estaba seguro de su recuperación… —mintió Aloi, que en ningún momento había tenido ocasión de hablar con el médico en esos términos.

—Ese desgraciado ha huido —dijo el rey, no sin dirigir una mirada furiosa al maestro Aloi, que se puso en guardia—. Pero antes de hacerlo dejó un escrito disculpándose por ser un inútil, y en el que afirmaba que la plaga no perdona a nadie. ¿Lo creéis así, maestro Aloi, que estamos todos condenados?

—No sé si tengo el suficiente conocimiento sobre ello para afirmar algo así, señor.

—Bueno, dejémoslo por ahora. He dado orden de que lo persigan hasta el fin del mundo si es necesario. Pagará cara su cobardía. Ahora hablemos de la tumba que haréis para la reina.

Aloi de Montbrai pensó por unos instantes que necesitaba viajar con el rey hasta aquel pueblo perdido y ver con sus propios ojos el cuerpo de Leonor. Pero no se le ocurría ningún argumento para justificar su presencia en la expedición cuando su obligación inmediata era hacer un sepulcro. Además, ya nada tenía sentido. Si llevaba muerta semanas, como decía el rey, su cuerpo sería ya poco menos que un escondite de gusanos y el rastro de la Leonor que él amaba se habría desvanecido.

El maestro Aloi pidió a Pere el Ceremonioso que lo acompañara al calefactorio y le mostró los bocetos que había dibujado para los Panteones Reales durante aquellos meses. El plan de Aloi, totalmente improvisado, era adelantar el sepulcro de la reina Leonor y después añadirlo al conjunto, si él estaba de acuerdo. El rey no puso ninguna objeción, más bien aparcó su tristeza ante la magnitud de los proyectos del escultor. Sin ninguna duda, a aquel escultor le gustaba hacer su trabajo. Ya había tenido ocasión de comprobarlo hacía años, en Barcelona.

La comitiva real que había llegado a Poblet se dividió en dos partes. Un grupo de hombres armados a las órdenes del caballero Arnau Durfort se quedó en Poblet; los demás acompañaron al rey en aquel viaje que se pretendía llevar a cabo en el menor tiempo posible.

El maestro Aloi empezó a dar órdenes de manera frenética mientras Pere el Ceremonioso partía en dirección a l'Espluga. El rey había comprendido perfectamente que si quería unos funerales dignos para Leonor debía confiar en aquel hombre extraño, lleno de orgullo y de ideas propias, a quien no habría querido tener como enemigo.

XIX

La casa de Beatriu se parece más a la biblioteca de un escritor que ha llegado a la última etapa de su recorrido que al piso de estudiante que conocí hace unos cuantos años. A partir del recibidor, cada pared está cubierta con estantes que llegan hasta el techo y que acumulan, en una mezcla rara que sólo ella probablemente es capaz de entender, centenares o, intuyo, miles de libros. Pero no es el único espacio donde están presentes. También están en las sillas, en el suelo y en la mesa del comedor que hace las veces de despacho.

Apenas lo reconozco. Lo ha convertido en un piso laberíntico, o ésa es la impresión que provocan las hileras de volúmenes a uno y otro lado. Hay dos habitaciones, además de la cocina, el baño y el comedor. Todo está lleno a rebosar, y sólo una está cerrada, la suya, la parte más íntima de la casa. Beatriu me explica que lo más aconsejable para andar por ella es seguir la línea que dibujan en el suelo las montañas de volúmenes. Intento tener en cuenta su recomendación y determino que una imaginaria línea Maginot, bastante irregular, llena de obstáculos y estorbos, recorre el espacio apretujado, separando tal vez los reinos de Castilla y Aragón, o este último de sus posesiones mediterráneas.

—Al principio me esforzaba porque todo encajara en su sitio. Pero cuando me hice cargo de la herencia de tío Gustau y me llegaron más de siete mil libros del otro lado del Atlántico... Creo que la propia casa me hablaba y me decía que ya no podía más. Cualquier día explotará; espero que no me pille dentro.

—¡Pero aquí hay mucho más de siete mil libros! —digo, un poco sorprendido.

—No te lo esperabas, ¿eh? Tengo más que el profesor Badia; rondarán los veinte mil. Además del tío Gustau, que era profesor de geografía en Houston, también tengo la biblioteca de mi abuelo, que murió hace tres años y era un apasionado del derecho. ¿Te acuerdas de él? Tú lo conociste. Aquel hombrecillo despistado que me esperaba a la salida de la facultad cuando llovía, con su Simca 1000. Creo que algún día te llevamos a casa —aunque me esfuerzo, no recuerdo nada de ese personaje—. Pero ya sé que el nivel intelectual no depende de eso. Lo que más me preocupa es el peso. Si haces un cálculo de lo que pesa cada libro podríamos estar hablando de más de quince toneladas. Demasiado para una casa como ésta, construida en los años de la aluminosis.

Tanta es su insistencia en el asunto que empiezo a preocuparme. Me descubro buscando grietas en las paredes, pero no hay paredes visibles.

—Siempre digo que me desharé de la mitad, pero me indigna lo que los libreros quieren darme. Creo que antes los bajaré a la calle y los ofreceré a la gente que pase.

—Podrías ponerlos a la venta en internet. Seguro que tendrías clientes —aventuro.

—Para hacer eso hay que tener tiempo —responde Beatriu— y yo no lo tengo. Hace dos años que tendría que haber acabado la tesis, y ya ves... El profesor Badia dice que es que no tengo límite;

bueno, lo decía cuando todavía se interesaba por ella, antes de que apareciera todo este asunto del maldito maestro Aloi.

La mención de Aloi de Montbrai hace que Beatriu se dirija a uno de los estantes y saque un grueso volumen sobre el arte gótico. Nuestra búsqueda conjunta eclipsa cualquier otra cuestión. Curiosamente, nos instalamos en la cocina, pequeña y oscura, con una estrecha ventana vertical que debió de funcionar como extractor. Pero ahora no creo que nadie cocine allí. Mientras hojea el volumen parece que se haya olvidado de mi presencia. La nevera está en el comedor-despacho, coronada de libros, igual que los reducidos banquillos de la cocina, con excepción del espacio que ha ocupado ella.

—En la nevera hay cervezas —dice de repente sin levantar la vista del libro—. Podrías coger una y traerme otra.

Es una buena idea. La dejo que respire un rato aunque en este espacio de fogones y cacerolas de los cincuenta eso es un eufemismo. De camino, aprovecho para dar un vistazo a los libros. Como he imaginado, la nevera está bastante vacía: longaniza seca, algún queso un poco pasado y mermeladas varias, además de un buen número de cervezas de marcas internacionales: Budweiser, Paulaner, Coronita... Ningún rastro de materiales que sirvan para elaborar un plato caliente.

Cuando le dejo la cerveza delante, sin que se percate demasiado, dejo que los pies me lleven por la casa mientras mi olfato de investigador recorre los libros. Cuando paso por delante de la puerta cerrada de su habitación, donde no recuerdo haber entrado nunca, me pregunto si será allí donde guarda los mejores o los más interesantes.

De repente sale de la cocina y me pide la fotografía. Le perjuro que no la tengo, pero al final cedo. Abre el ordenador y se dispone a escanearla.

—Si aquí no se lee Aloi de Montbrai me retiro de la investigación —el escáner ha hecho la suya y ahora intenta ampliarla con el Photoshop.

Finalmente ha conseguido una ampliación bastante considerable y el libro aparece más claro ante nuestros ojos. Parece letra inglesa, bien mirado, algo muy propio del siglo XIX. Y eso significa que alguien hizo un envoltorio de lujo para un manuscrito antiguo. No nos resulta difícil leer el título: *Crónica del maestro Aloi de Montbrai.*

Hasta aquí las certezas. Pero como sucede a menudo con este tipo de investigaciones, el descubrimiento abre un buen puñado de interrogantes. ¿De dónde sacó Domènech i Montaner ese texto? ¿Por qué, como muestra la fotografía, lo puso en manos de la Iglesia? Y, sobre todo, ¿qué ha sucedido con la *Crónica* después de que Guillem Rosa la tuviera en su celda hace más de quince años?

—¡No entiendo nada! —Beatriu se ha llevado las manos a la frente e introduce los dedos en su abundante mata de pelo negro con un cierto grado de desesperación.

—¡Pero tenemos que estar contentos! Sabemos que tu antepasado tuvo la *Crónica* en las manos, o alguna cosa a la que llamaron así. Entonces, eso quiere decir que la nota de sus papeles sobre el asesinato de Leonor de Portugal estaba sacada de una fuente directa —digo intentando transmitirle mi entusiasmo; pero ella no lo ve de la misma manera.

—Es posible. Pero ¿por qué Domènech i Montaner no vuelve a hablar de ello a lo largo de toda su obra? ¿Cómo es que esta *Crónica* ha permanecido descatalogada hasta la fecha? ¿Quién le quitó el manuscrito de las manos, o el libro, según parece por la imagen, al padre Guillem antes de acabar su lectura?

—No lo sé, Beatriu, pero aún hay cosas que tu amigo monje puede contarnos. Tiene que ver la fotografía y decirnos si se trata del mismo libro que él tuvo ocasión de leer. También es posible que reconozca al personaje a quien Domènech i Montaner entrega el manuscrito, si es que era un personaje importante en el seno de la Iglesia de aquel entonces.

—Pero eso sólo serán pequeñas respuestas parciales a un gran embrollo —razona Beatriu, lamentándose—. No podemos llegar a ninguna conclusión si no encontramos el libro.

—Probablemente, Beatriu, pero ¿recuerdas cuál era la única máxima que el profesor Badia citaba como imprescindible?

—¡Citaba tantas! Pero creo que sé a cuál te refieres. Hay que ir paso a paso, decía. Los detalles nos conducirán a la verdad.

No me gusta verla tan obcecada. ¿Qué tiene de extraordinario la crónica de Aloi de Montbrai para que trastoque así nuestras vidas? Puede que ahora me resulten más importantes los sentimientos que me provoca Beatriu. Me quedo mirando su frente ancha, la tristeza o la duda en sus ojos. Pienso que la conozco, pero no soy capaz de saber qué pasa por su cabeza en esos momentos. Al momento, tiene una reacción coherente con lo que me ha ido mostrando de sí misma.

—Llamaré al padre Guillem. Tiene que ver la fotografía —dice mientras se lleva la mano al bolsillo trasero para coger el móvil.

La conversación dura unos minutos. Beatriu le ha contado dos veces el hallazgo que hemos hecho, y el padre Guillem debe de haberse quedado pensativo unos segundos porque ella le pregunta si sigue al otro lado.

—Dice que nos encontraremos el sábado en Poblet, que no está dispuesto a quedarse otra vez sin conocer el desenlace —asegura Beatriu después de colgar el teléfono.

—Es una buena señal —aventuro en mi línea optimista—. Pero ¿cómo se lo montará para salir del convento?

—Seguro que encuentra la manera —responde Beatriu—; no obstante, ha dicho una frase rara.

—¿Qué frase?

—Me ha dicho que está pensando en jubilarse de la religión.

Incapaces de determinar qué quiere decir el padre Guillem, le damos aún unas cuantas vueltas a sus palabras sin sacar nada en claro. Le propongo que nos tomemos un descanso, que la invito a comer algo, pero Beatriu ni me oye. Va hacia el pasillo y hurga entre los libros de una de las pilas del suelo; poco después vuelve con el tratado de Domènech i Montaner sobre Poblet. Coge un atril de encima de la mesa y lo coloca sobre una montaña de papeles. Con la operación ha conseguido que el libro nos quede a una altura adecuada para consultarlo de pie, tal vez porque es imposible que dos personas puedan sentarse con tantas cosas como hay encima de las sillas.

Durante un buen rato repasamos el contenido del libro hasta que nos flaquean las piernas y me siento sin vergüenza en la butaca que debe utilizar ella cuando está sola. La agarro por los muslos e intento que descanse sobre mis rodillas, pero ella se revuelve, se sienta dándome la cara y me da un beso en los labios que en pocos segundos me impide respirar. Me abandono. Unos instantes después siento el contacto de su pelo en la mejilla y el murmullo de unas palabras que no alcanzo a entender. Me dejo llevar.

El dormitorio de Beatriu esconde un territorio bien distinto, casi incoherente con el resto del piso. Las paredes están pintadas en tonos cálidos y sólo una de ellas está ocupada por una gran estantería donde abunda la literatura con base histórica. La cama es moderna, ancha y cómoda, con un futón por colchón y, según me explica, todo de maderas naturales encajadas.

Mientras hacemos el amor pienso que Beatriu se ha convertido en otra persona. Y no sólo porque han pasado los años y es evidente que la estudiante entusiasta y resabida ha dejado paso a otra mujer menos alegre y más reflexiva. También siento que esta aproximación íntima ha creado una entidad diferente, un ser que respondería al nombre de los dos y que es capaz de sentirse feliz.

Cuando despierto de un sueño corto pero reparador, la particular peripecia del manuscrito de Aloi de Montbrai vuelve a ocupar de manera insoslayable nuestros cerebros. Beatriu se ha puesto mi camiseta y deambula por la habitación preocupada y a todas luces confusa.

—Todo va tan rápido que no me has contado la historia de Guillem Rosa —digo para romper el hielo—. ¿Qué pasó para que lo cesaran del cargo? ¿Quién puede cesar a un abad?

—Primero te responderé la segunda pregunta. Todas las comunidades religiosas pueden cesar a un abad si se lo encuentra culpable en algún aspecto concreto de los señalados en la orden como perniciosos. Para eso están los capítulos generales. Por lo que respecta al padre Guillem, todo es muy raro. Cuando fue elegido quería aplicar una visión más abierta de determinadas reglas; como apasionado de la Historia que es, intentaba que los investigadores tuviesen un acceso menos condicionado a los fondos del monasterio, inmensos según parece y poco estudiados por los laicos.

—Qué curioso… —opino, pero Beatriu me pide que la deje acabar.

—Dos años después fue acusado ante el Capítulo General de la Orden de algo así como prevaricación, a pesar de que, según dicen, la acusación nunca fue investigada ni probada. A mí, claro está, me ha llegado esta información por el padre Guillem, pero puedes creerme, nunca he conocido a nadie tan honrado como él.

—Tal vez te sientas muy unida a él; afectivamente, quiero decir…—sé que piso terreno difícil, pero pienso que ella en mi lugar sería igual de implacable.

—Sé lo que insinúas, pero creo sinceramente que no es así. Aún sé discernir entre mis implicaciones personales y mi trabajo —responde Beatriu, no demasiado irritada por lo que veo—. Mira, Enric, lo cierto es que la acusación de prevaricación o lo que sea no tiene ningún sentido. Según dijeron se aprovechaba de los fondos documentales para su beneficio proporcionando materiales clasificados a los historiadores a cambio de su promoción personal dentro del gremio. Sabemos que no es así, ya que su ayuda siempre ha sido totalmente desinteresada. Además, quien lo acusó es ahora el abad, Miquel Rubí, un personaje oscuro que siempre ha estado a la sombra del padre Guillem.

—Vale —intervengo cuando Beatriu hace una pausa—, te decía que me parece curioso porque, si te fijas, todo tiene un poco que ver con el mismo asunto. Guillem Rosa es destituido como abad por abrir las puertas de los archivos a los historiadores, y ahora estamos buscando un manuscrito, el de Aloi de Montbrai, y no parece que nos den muchas facilidades. Hay una relación directa entre los obstáculos que nos encontramos, la destitución de Rosa y, de alguna manera que todavía no sé formular pero que intuyo, con la desaparición del manuscrito del maestro Aloi de su celda hace quince años.

—Tú piensas que esto es una novela de intriga, pero este argumento se puede desmontar sin problemas: la Iglesia siempre ha sido celosa de sus archivos y ha ido con mucho cuidado cuando se trataba de ponerlos en manos de historiadores laicos. La destitución del padre Guillem, le he dado muchas vueltas y él también está de acuerdo, tiene que ver probablemente con alguna clase de venganza personal. Y en cuanto al manuscrito, bueno, te concedo que todo es un poco raro, como demasiado casual.

—Entonces, estás de acuerdo conmigo en que hay demasiadas casualidades en esta historia. Ya tenemos algo, aunque sea poco —apunto, cada vez más entusiasmado—. ¿Y qué me dices del hombre de los tejanos? No es muy normal amenazar a una pareja de historiadores por ir detrás de una crónica del siglo XIV. ¿Y de la muerte de Ricard y las palabras escritas en la pared?

—Vale, me rindo, pero no elucubres demasiado, que tengo la impresión de perder de vista la realidad —Beatriu se quita la camiseta y vuelve a la cama; a fin de cuentas, pienso al mirar el reloj, mis alumnos también faltan a las clases sin parar y no se espantarán si les dejo tiempo libre por unos días.

—Este fin de semana tiraremos del hilo, Beatriu, si es que Rosa cumple con su palabra y nos acompaña al monasterio.

—Estoy segura de que lo hará, pero ahora podrías concentrarte un poco, ¿no? —responde Beatriu, mientras se pone encima.

XX

Gracias por vuestras palabras ante el rey —dijo el padre Serafí al escultor pocas horas después de partir la comitiva—, pero que yo rija temporalmente el monasterio parece ser la penitencia que Dios me ha impuesto por mi orgullo.

—Es una manera de verlo —respondió Aloi, que no esperaba ese acercamiento del monje después de tan largo silencio.

—Pero vos creéis en el destino. Lo hemos discutido algunas veces desde que nos conocemos y no puedo dejar de pensar que, en el fondo, cuando yo hablo de la voluntad de Dios y vos de ese destino que tanto os importa, estamos hablando de lo mismo.

—Es posible —dijo lacónico Aloi.

—No sé si tenía motivos para enemistarme con vos, para ignorar vuestra presencia. Perdonadme —insiste el monje, pero el escultor tiene otras cosas en la cabeza y no le presta mucha atención.

—Todo está bien… Ahora querría pediros un favor, padre Serafí.

—Ya sabéis que si está en mis manos… ¿De qué se trata?

—Supongo que el rey os ha puesto al corriente de nuestro acuerdo. Le he prometido que en cuanto regrese con el cuerpo de la reina Leonor la tumba estará acabada.

—Sois un buen hombre, maestro Aloi. Aunque sé que vuestros motivos van más allá de los deberes que tenéis para con el rey, no puedo dejar de admiraros ¿Qué necesitáis?

—Me gustaría trabajar al aire libre pero a la vez lo haría mejor a cubierto. Es una de las contradicciones a las que siempre me enfrento por mi oficio. ¿Qué os parecería si me instalase en el claustro? Haré todo lo posible para no ser un estorbo para la vida de la comunidad.

—¿Tendréis suficiente espacio?

—Sí, sí, estoy convencido. Sólo se trata de un sepulcro. Puedo instalarme en la galería más alejada de la iglesia, que es la que menos se utiliza como paso.

—Me parece bien, maestro Aloi, tenéis mi consentimiento. Ahora mismo nadie utiliza demasiado el claustro. Pero… —el padre Serafí se quedó pensativo—, vos también tenéis que prometerme una cosa.

—Si está en mis manos —dijo Aloi imitando las formas del monje al tiempo que dejaba escapar una sonrisa.

—Cuando mis tareas me lo permitan, ¿me dejaréis que os observe?

—¿Os agrada ver como trabajo? —el escultor sabía la respuesta, pero también sentía curiosidad.

—Sí, pero tal vez no estéis de acuerdo con las razones —explicó el padre Serafí mientras se volvía hacia el centro del claustro, como si no quisiera mostrar la emoción que afloraba a sus ojos—. Pienso que el oficio de escultor nos enseña muchas cosas sobre cómo querría Dios que fuera nuestra vida. Hay un camino de perfección que está representado en la manera en que vais cincelando la piedra. En un principio no es nada, sólo roca sin forma. Pero poco a poco las convertís en una obra que gusta al Altísimo y a los hombres. ¿Os sorprende mi reflexión? Quizá penséis que hago una interpretación demasiado atrevida y que vos sólo perseguís la belleza.

—No, en absoluto. Es posible que yo os sorprenda aún más a vos si os digo que sois libre para hacer cualquier interpretación. Es cierto que esculpo para agradar a los hombres, pero si de rebote pensáis que agrado a Dios, yo no tengo nada que objetar. De hecho, me complace.

—¿Cuándo comenzaréis a trabajar? Tenéis muy poco tiempo para cumplir el encargo, si es que yo sé algo sobre acabar un sepulcro.

—Mañana, quizá. Hoy me invade una tristeza que no sería buena aliada —dijo Aloi dudando de si el monje se sentiría ofendido por hablarle de una manera tan directa sobre sus sentimientos.

—A todos nos ha entristecido la muerte de la reina, pero ya sé que vos tenéis otros motivos —el padre Serafí estaba incómodo, se notaba en la manera de fijar la mirada en algún punto más allá del escultor a pesar de tenerlo delante.

—Es cierto, pero ¿no os parece extraña esta muerte? Os puedo asegurar que no vi rastro de la enfermedad en ninguno de mis exámenes.

El padre Serafí no respondió. En realidad no veía claro por dónde quería llevar la conversación el escultor. Aquel tema le provocaba una gran desazón espiritual. No podía comprender cómo la reina se había fijado en un hombre vulgar como Aloi de Montbrai, por muy buen escultor que fuese o por muy buenas historias que contara. Sin duda pensaba que alguien debería advertir al rey, y que la Iglesia debería negarse a enterrar a Leonor en sagrado por adúltera. Pero no sería él quien levantase la liebre, tal vez por sus simpatías hacia el escultor, tal vez porque le quedaban pocas fuerzas para una guerra como aquélla.

De repente dijo que sus obligaciones lo reclamaban, que esperaba verlo trabajar mañana en el claustro y que el rey y Dios, pero sobre todo este último, sabrían agradecerle el esfuerzo. Aloi sonrió y se quedó mirando cómo se alejaba. Entendía que no se encontrara cómodo hablando de su relación con la reina, pero esa actitud del monje no arrojaba ninguna luz sobre sus dudas.

Los días siguientes fueron más bien decepcionantes. A pesar del gran deseo que albergaba de comenzar el trabajo y dar lo que llevaba dentro procurando la gloria final de su amada, no conseguía ponerse a ello. El traslado de las piedras se llevó a cabo con la ayuda de los hombres del rey, pero el caballero Durfort mostró una oposición constante a las pretensiones del escultor. Quería a los hombres para someterlos a guardias interminables y para tareas que no ayudaban en nada a la vida del monasterio. ¿Acaso no llevaban meses sin que ningún hombre de armas protegiera el recinto?

Hacía mucho, según le había contado el padre Serafí tiempo atrás, que las Compañías Blancas de Bertrand du Guesclin, contratadas por el rey para lanzarlas contra Pedro el Cruel de Castilla, no habían pasado por Poblet. Pero el recuerdo de sus vilezas era un peligro latente en la mente siempre alerta de los hombres del rey.

Aloi entendía que Arnau Durfort no viera con buenos ojos que Pere el Ceremonioso hubiese dado carta blanca a un maestro de obras para disponer de cualquier hombre o cosa que estuviera en Poblet si eso lo ayudaba en su trabajo. El prudente Aloi de Montbrai intentaba administrar con sumo cuidado ese privilegio, pero el conflicto con el caballero y su oposición no disminuyeron.

Una semana más tarde, lejos de avanzar a buen ritmo, Aloi sólo había vaciado el bloque de piedra que serviría de sepultura a la reina. Sus ideas sobre la lápida donde quería esculpir el cuerpo de Leonor con toda la naturalidad y belleza con que lo recordaba, no habían conseguido ir más allá de un sueño un tanto alocado. Además, se arrepentía de haber escogido el claustro como lugar de trabajo. Todo el mundo se creía con derecho a pasar a verlo y aconsejarlo sobre aspectos de su oficio de los cuales no tenían ni la menor idea. Sólo el padre Serafí se acercaba siempre en silencio y se convertía en una presencia amable, respetuosa, que no invadía en ningún momento su espacio.

A medida que iba dando forma a la figura de la reina, se sentía cada vez más observado. Tenía la impresión de que todo el mundo conocía la relación que habían tenido y que ahora la juzgarían a través de la estatua que estaba esculpiendo. Pero ya era tarde para decidir que quería trabajar a cubierto, lejos de la vista de jueces y curiosos.

Un día, después de primas, mientras intentaba resolver con el cincel algunas imperfecciones del vestido de la reina, alguien ataviado con ropas de luto riguroso entró en el recinto. Siguió, durante un momento, aquella presencia desconocida a través del claustro, pero pronto se desentendió. Sin duda se trataba de alguna viuda de las granjas vecinas que se había presentado en busca de consuelo. Así pues, siguió trabajando en los pliegues de la estatua que más se le rebelaban hasta que sintió una presencia a su lado. La reconoció al mirarla a los ojos, profundamente tristes.

—¡Señora de Gastão!

—Buenos días, maestro Aloi —respondió el aya de la reina Leonor.

Al escultor le pareció que aquella figura pequeña y envejecida era apenas una sombra de la mujer firme e intolerante que el escultor había conocido dos meses atrás, y de quien había desconfiado profundamente incluso después de facilitarle el encuentro con la reina.

—¿Qué hacéis en Poblet, señora? ¿Por qué no habéis esperado a la llegada del rey?

—¿El rey piensa ir a las montañas en persona? No era eso lo que se comentaba en el pueblo. Todo el mundo decía que los conflictos con los ciudadanos de Barcelona se lo impedirían.

—Pues no es verdad. Pasó por Poblet para preparar los funerales de la reina Leonor, pero desde que llegó sólo deseaba partir en búsqueda de su cuerpo. Seguramente habréis pasado muy cerca de su comitiva en alguna parte del camino.

La señora de Gastão y Uriarte daba la impresión de estar decepcionada. Explicó al escultor que necesitaba hablar con el rey urgentemente y que, puesto que las princesas Constança y Joana estaban bien custodiadas, había decidido viajar sola a Barcelona. Pero el caballo había muerto por el camino y desde entonces había vagado sin rumbo, siguiendo las estrellas.

Aloi se quedó muy sorprendido por aquellas explicaciones de la señora de Gastão. Ciertamente, por muy fuerte que hubiera sido en otra época, ya no tenía edad para emprender en solitario una empresa tan arriesgada. Pero lo que más le chocó fue su urgencia de hablar con el rey. ¿Cuáles podían ser sus motivos? El escultor se dijo que todo lo que concerniera a su Leonor le importaba y que tenía que averiguar las causas al precio que fuera. Además, todo indicaba que aquella mujer debía de ser una de las últimas personas que habían visto a la reina con vida.

—Pero si me lo permitís, señora, vos no deberíais hacer este viaje en solitario. El camino es largo y lleno de peligros. Yo mismo iría con vos si no fuera porque el rey me ha encargado la sepultura de la reina con tanta urgencia —apuntó Aloi, pensando que el aya acabaría confesándole sus razones.

—¿Decís que el rey os ha encargado una sepultura? Entonces

quería a la pobre Leonor —respondió el aya como si en algún momento hubiese dudado del amor que el rey Pere sentía por su esposa, o tal vez al contrario.

—Yo diría que mucho, señora de Gastão... ¿Vos no?

El aya portuguesa miró si había alguien más en el claustro que pudiera escuchar sus palabras, y el escultor sintió que el corazón se le aceleraba. ¿Podía ser que aquella mujer se convirtiera en su confidente? La hizo sentar en un banco del claustro y ella se lo agradeció con un gesto. Por la manera de dejarse caer se adivinaba que había llegado al límite de sus fuerzas. Poco a poco, pero sin perder en ningún momento el temperamento decidido que Aloi de Montbrai le suponía, comenzó a hablar.

—Yo... quería contarle al rey, abrirle los ojos, pero quizá seáis vos el mejor interlocutor que pueda tener. ¡Ha sido tan horrible! ¡Me he sentido tan impotente! Ya desde el primer día el viaje fue una tortura para la reina. La comitiva tenía que parar a menudo porque se mareaba y yo sabía que se iba perdiendo en los márgenes del camino. Sobre todo cada vez que nos pedía quedarse sola para poder vomitar sin perder la dignidad ante los hombres. Por las noches se le dilataban las pupilas y bebía grandes cuencos de agua. Decía que la boca se le convertía en esparto y temblaba, temblaba siempre, sin que la noche o el día, el frío o el calor tuvieran nada que ver con su malestar...

Aloi no perdía ni una sola de sus palabras, pero también observaba cómo el cuerpo de la anciana se iba inclinando hacia el suelo, perdiendo súbitamente la rigidez que, en un tiempo no tan lejano, la había definido. Le puso la mano en la espalda y la obligó a sentarse bien, como se obliga a una niña cuando amenaza con caer rendida por lo avanzado de la hora.

—A veces —prosiguió la portuguesa—, cuando la reina se dormía, durante aquellos breves espacios de tiempo, yo la observaba. Y creo que sentí envidia de su belleza, de cómo la enfermedad la iba volviendo transparente, casi etérea. Pero lo peor fue al llegar a nuestro destino. Hice un gran esfuerzo para que Leonor saliera cada mañana al aire libre, por si el aire conseguía remediar aquellos ahogos que la asaltaban a todas horas. Nada la hacía mejorar. Después sufrió aquel extraño espasmo. De repente se quedó inmóvil, con los ojos abiertos pero sin mirar a nadie, sin reaccionar cuando le hablabas. Una mañana me di cuenta que su cuerpo estaba frío como el hielo. Le acerqué un espejo y no quedó sobre el azoque ningún rastro de vida. La reina Leonor estaba muerta y yo no sabía cuál era ahora mi papel en este mundo.

—¿Y qué dijo el médico de todo eso? —preguntó Aloi, horrorizado, al ver que la señora de Gastão llegaba al final de su relato.

—¡El médico! El maldito médico, desde que se nos unió en el camino, se pasó todo el tiempo diciendo que la pestilencia tiene muchas formas de manifestarse y que todos los males de la reina procedían de una variedad de la plaga que había visto en otras ciudades. Yo no me creía nada, y creo que él lo sabía porque no podíamos estar los dos en la misma habitación. Al morir Leonor desapareció. Nadie lo vio partir.

—¿Cómo estáis tan segura de que el médico no tenía razón cuando hablaba de la pestilencia? —preguntó el escultor, que había descubierto una brizna de secreto en las palabras de la señora de Gastão.

—¡Oh! Es muy sencillo, maestro Aloi. Ahora puedo decir que ese demonio disfrazado de médico nos estaba mintiendo a todos, porque al morir la reina supe con certeza cuál había sido la causa.

—¿De verdad? ¿Cómo lo habéis sabido?

—Sería largo de explicar, pero os diré que de repente recordé por qué la enfermedad de la reina me provocaba aquella angustia. Mi padre era boticario en el pequeño pueblo de la Sierra de la Estrella donde nací, en los valles del interior de Portugal. A veces me explicaba cuatro cosas sobre las plantas venenosas, más que nada para que no se me ocurriera hacer nada peligroso con ellas.

—¡Una planta! ¿Queréis decir que Leonor fue envenenada?

—Solano, maestro Aloi, una de las plantas del ungüento de las brujas. Sí, la reina fue envenenada pero no sé cómo. El médico apareció cuando Leonor ya presentaba síntomas. ¿Recordáis la debilidad, la palidez, que se quejaba de dolores de vientre? Yo apenas me movía de su lado si no era para satisfacer mis necesidades más básicas. Y, durante los últimos días, aunque me resulte vergonzoso decirlo, ni por ese motivo la dejé sola.

—¡Pero lo que me contáis es de una gravedad extrema, señora de Gastão! Si la reina fue asesinada, es necesario descubrir al culpable y hacer que pague con su vida.

—¡Comprendo vuestro deseo, maestro Aloi, pero si yo, que estaba tan cerca, no pude averiguarlo, ¿qué podremos hacer ahora? Por eso quería hablar con el rey. Él es el único con el poder suficiente para que este crimen no quede sin castigo.

Aloi de Montbrai quiso responder también esas palabras. Su indignación se mezclaba con el odio, con la piedad hacia la anciana, con una sensación de pérdida injusta mucho más intensa que la que lo había asaltado hasta entonces. Pero la señora de Gastão se había dormido apoyada sobre su hombro y sólo cuando ya había pasado un rato se dio cuenta de que había muerto.

Tercera parte

XXI

Cuando Beatriu me propuso que un médico amigo suyo me hiciera el parte de baja temporal que me permitiría abandonar las clases durante lo que quedaba de semana hasta nuestra cita con el padre Guillem, pensé que mi vida caminaba por senderos poco transitados hasta entonces. De ninguna manera me pareció reprobable que los alumnos dejasen de verme la cara por un tiempo. Ya lo había pensado y, en realidad, era bastante prudente, pero mi trayectoria ha estado tan llena de una rectitud poco deseada en el fondo, como si el curso natural de las cosas me impidiera ser otro, que ese tipo de huida bajo control me trastocó más que si hubiera decidido irme a vivir a las Antillas Holandesas.

Hicimos el amor incluso sobre la montaña de libros sin clasificar que hay en un rincón del comedor, y el mundo oscilaba de Stendhal a Engels pasando por la poesía de un tal Ramon Guillem, *Celebració de la mirada*, que leíamos en los momentos de calma. No creo que pueda olvidar estos versos del poema *Bassa d'oli*:

Si l'oli bull,
amb els turons de la sang
crepitant sobre la pell,
és l'amor
*un enfilall de petits cors en carn viva.**

Pero el tiempo no siempre estuvo ocupado por esa sensación de gozo que te asalta durante los primeros momentos de una relación. Por el contrario, pasábamos muchas horas siguiendo los pasos de Aloi de Montbrai, tanto en internet como en muchos de los libros de Beatriu que pudiesen esconder alguna referencia útil, porque había algunos que ella aún no había podido consultar.

En internet, salvo algunas notas de enciclopedias en línea, había muy poca cosa. En los libros, a pesar de tratarse de alguien que ocupa una posición central en la escultura del XIV, tampoco encontramos ningún dato de interés para nuestra investigación. Tal vez no tenemos la bibliografía adecuada, nos hemos dicho repetidas veces el uno al otro, pero las búsquedas bibliográficas en internet tampoco dieron resultados significativos.

La búsqueda infructuosa fue un motivo de desasosiego, pero las llamadas continuas resultaban aún más molestas. Ha habido de dos tipos. Por un lado, algún gracioso o graciosa que ha tomado el número personal de Beatriu como blanco de sus bromas, también a altas horas de la madrugada. En algún momento llegué a plantear que lo desconectáramos, al menos por las noches, pero Beatriu siempre se ha negado a esa propuesta por la delicada salud de su madre, que está convaleciente de una operación. Por otro lado, las

* Si hierve el aceite, / y las colinas de la sangre / crepitan sobre la piel, / es el amor / una ristra de pequeños corazones en carne viva.

cuatro o cinco llamadas del profesor Badia que más que desconcertar, inquietan.

Comenzó por exigirle a Beatriu que se encontraran para comentar algunas cosas de su tesis que, según él, no veía claras. Pero el tono fue subiendo por las reiteradas negativas de ella. La respuesta de Badia acabó siendo el insulto y la amenaza.

—Badia parece convencido de que tiene algo que decir en el asunto del manuscrito —dijo Beatriu después de la última llamada.

—Bueno, sin duda es culpa nuestra por ponerle la miel en la boca. Pero ¿esos gritos?

—Se ha creído que puede intimidarme, que puede asustarme con sus amenazas. Pero no sabe que si él no acepta mi tesis, tengo buenos amigos en Lyon y la puedo leer allí sin problemas.

—Muy bien pensado, Beatriu.

—Hay que guardar siempre un as en la manga.

Una vez más, Beatriu me demuestra cómo funciona su mente previsora, pero el recurso escondido de Lyon no es suficiente para que yo deje de preguntarme qué papel tiene Badia en esta historia. Sin duda el insigne profesor tiene muchos defectos, pero me cuesta entender que muestre tan poca inteligencia. Si quiere participar en nuestra investigación, quizá le bastaría con hacernos un poco la pelota e invitarnos a su casa por algún descubrimiento importante hecho en su biblioteca, aunque después resultara ser falso. Pero llegar a una chapucería tan extrema como amenazar a una mujer dura y decidida como Beatriu es suicida. Sólo se me ocurre una razón, y es que estamos sobre la pista buena. Ahora nos queda averiguar cuál de entre la gran cantidad de elementos que tenemos sobre la mesa es el que nos conducirá al final.

Una semana abarca lo que abarca. Hoy es sábado, y nos encontramos en el umbral de la puerta que da acceso al recinto sagrado de Poblet. Esperamos al padre Guillem, aunque en ningún momento nos ha dicho cómo piensa presentarse. Por otra parte, no entiendo mucho de eso pero me extraña que un religioso pueda ausentarse así como así de su convento.

Enseguida tendremos las respuestas. Un BMW verde se para frente al asador que hay al otro lado de la carretera, y el monje baja tranquilamente, vestido con el hábito más tradicional de la orden. Se despide del conductor, un chico joven que acelera más de lo necesario al salir, y cruza en dirección hacia nosotros con paso tranquilo y pausado.

—¡Padre Guillem! ¿Cómo ha conseguido salir de Vallbona vestido así? —le pregunta Beatriu mientras le da un abrazo entusiasta.

—No sabéis lo solitario que puede llegar a ser un monasterio, ni la de puertas que pueden abrirse ante unos hábitos convincentes —responde esbozando una sonrisa que interrumpe al ver a otros monjes que salen del recinto.

El padre Guillem se pone de espaldas y nos explica su plan. Es sencillo. Un buen amigo del interior nos abrirá una puerta lateral de la iglesia y después nos acompañará hasta la biblioteca. Se ha asegurado de que el monje responsable del archivo no esté presente.

—¿Y cómo lo ha hecho? —le pregunto lleno de curiosidad.

—Es fácil —dice Guillem Rosa, que parece satisfecho de poder contarlo—: todo el mundo tiene algún familiar muy cercano que puede ponerse enfermo súbitamente.

—Pero hoy en día, con los teléfonos móviles y todas las posibilidades de comunicación que hay… —dejo ir, convencido de la debilidad de la propuesta.

—Amigo mío —el monje vuelve a dirigirse a mí, con una sonrisa maliciosa en los ojos—, eso tiene una importancia relativa... Sobre todo si la hermana del personaje en cuestión es monja en Vallbona y todo indica que su indisposición es muy grave. Pero no diré más.

—No podrás con el padre Guillem, Enric. Tiene talento natural para el crimen —interviene Beatriu, esperando que el monje entienda la broma.

—Eso espero —digo, sin esconder mi preocupación.

A continuación, le mostramos la fotografía en la que Domènech i Montaner entrega un libro al monje verdagueriano. Él la mira sorprendido mientras le preguntamos si es ésa la crónica de Aloi que tuvo en sus manos. El padre Guillem duda, pero Beatriu, en un buen golpe de efecto, saca una copia escaneada del detalle.

—Sí, es éste —asegura—, por el tipo de cubiertas, parece que lo encuadernaron en el siglo XIX.

—Y no sabe quién es el monje que recibe el libro.

—No tengo ni la más remota idea. Lo lamento, pero ¿creéis que es importante?

—Tal vez no —responde Beatriu—. Gracias, padre.

Un poco decepcionados al no encontrar en la fotografía ningún indicio más, cruzamos el umbral como dos turistas que disponen de un buen guía para los asuntos espirituales. Rosa se ha colocado la capucha y camina a nuestro lado con la cabeza gacha y las manos metidas en las mangas del hábito. Al llegar a la fachada de la iglesia, y después de comprobar que nadie presta demasiada atención a lo que hacemos, el monje se sitúa en medio y nos arrastra por el camino que rodea el segundo recinto. Pronto llegamos ante una pequeña puerta con la cancela abierta, y él pronuncia dos veces la misma frase..

—¿Cómo el joven guardará puro su camino?

—Observando tu palabra —responde alguien desde el otro lado al tiempo que se oye una llave que da vueltas en la cerradura.

—De los Salmos, pero no sé qué versículo; no llego a tanto —apunta Beatriz con orgullo.

—Salmos, 119, 9-10 —confirma Rosa lacónico, pero mirándola con aprobación manifiesta.

Nos abre la puerta un monje de edad avanzada que saluda al padre Guillem con una reverencia. Los dos nos retiramos a una esquina de la sala, estrecha y con una bombilla solitaria que cuelga del techo. Se me ocurre que acabamos de entrar en el corazón de las tinieblas, pero me parece que no es una reflexión que vaya a ser bien acogida y me callo. Beatriu y yo esperamos pacientes a que acabe la pequeña discusión que se ha generado entre los dos monjes. El tono de su voz es muy bajo y sólo acertamos a entender alguna frase incompleta.

—¿… no creerá en esas…, padre Asier? —dice Rosa con aparente tranquilidad, pero el otro abre los ojos de par en par.

—… estimo… como si nada… las manos selladas… —responde el monje segundos antes de salir por otra pequeña puerta que la penumbra nos había impedido descubrir.

—Creo que tendremos que hacerlo solos —observa Beatriu mientras el padre Guillem se acerca con cara de decepción.

—Sí, eso es. Pensaba que si recorríamos el monasterio con otro monje podríamos movernos con mayor facilidad. El padre Asier es muy respetado en Poblet, pero alguien que sabe de nuestra amistad le ha dejado un aviso muy serio.

—Eso quiere decir que intuyen nuestros movimientos —digo con el único objetivo de ver la situación con claridad.

—No debemos perder el tiempo —exclama Beatriu—. Si nos quedamos parados damos más oportunidades para que nos descubran.

Cruzo una mirada con el padre Guillem y los dos entendemos

que ella tiene razón, que tenemos que movernos y hacer nuestro trabajo. Rosa nos conduce por un pasillo que más bien parece una nave de iglesia en miniatura.

Cruzamos varias estancias y acabamos en el claustro. Un grupo de turistas madrugadores rodea la fuente acompañado por el guía, pero no se ve ningún monje. No tardamos mucho en plantarnos ante la sala que alberga la biblioteca. La disposición de los estantes impide ver si hay algún monje estudiando, pero ése no es el único obstáculo. La puerta está cerrada con llave.

—No os preocupéis —dice el padre Guillem sacando una llave del bolsillo—; espero que funcione todavía.

Todos los mitos que hablan de la inmutabilidad de los lugares sagrados deben de ser ciertos, porque la llave funciona y al momento estamos dentro. Mientras Rosa vuelve a cerrar la puerta con sumo cuidado, me siento como un violador de iglesias o algo así. Pero estoy convencido de que el manuscrito de Aloi de Montbrai no puede estar entre los libros de la biblioteca.

—Perdemos el tiempo —opina Beatriu—, deberíamos ir directamente a las estancias del abad.

Pero el padre Guillem no la escucha. Del mismo manojo de llaves ha sacado otra que abre lo que parece ser el *armarium* de los manuscritos. Dice que lo encontró allí la primera vez, cuando le fue arrebatado de las manos antes de que pudiera leer el final.

Durante unos segundos el monje recorre los libros, duda con uno y lo saca. No hay suerte. Pienso que podría estar escondido detrás, pero sería de patio de colegio. El monje llega a la conclusión de que no está y, de repente, nos sobresalta un chirrido de puertas que se cierran. Nos escondemos detrás de unos estantes, pero por mucho que esperemos no parece que vaya a pasar nada.

—O vamos a la estancia del abad o más nos vale marcharnos

—digo, y noto que la amargura de la decepción me va subiendo por la garganta.

—No se hizo Notre-Dame en una hora, Enric. Cálmate.

—Como quieras, Beatriu, pero esta frase no es del todo correcta, y a tu erudición no le quedan bien las mezclas.

—¡Callad de una vez! —salta el padre Guillem—. ¿Cómo queréis que piense con tanto alboroto?

Obedientes, nos callamos mientras el monje consulta su reloj y mira la luz que entra por una de las ventanas y hacia donde van los rayos. Parece como si no creyera demasiado en la precisión suiza y buscara otro tipo de confirmación.

—Ahora estarán todos en la iglesia —apunta poco después—; es un buen momento para hacer una visita a la celda de Miquel de Rubí.

Al oír ese nombre, Beatriu tuerce el gesto. Ya me ha contado, y es que tantos días encerrados dan para mucho, su efímera relación con el nuevo abad. Hace poco más de un año intentó acceder a algunos documentos relacionados con el redescubrimiento de Poblet por parte de Domènech i Montaner, sin demasiado éxito. El abad Rubí la había reconocido como la chica que hacía frecuentes visitas al padre Guillem durante su mandato y no tuvo ningún escrúpulo en llamar a un par de monjes para que le mostrasen la salida. Beatriu había intentado conseguir sus objetivos a través de conocidos, pero el poder del abad de Poblet había tenido más peso.

Deshacemos el camino y los tres salimos de nuevo al claustro. Ahora no hay nadie. Ningún turista, ningún monje, un silencio sepulcral, y me pregunto si no será una blasfemia decir esto en sagrado. Nuestro camino nos lleva hacia un ala más moderna. El padre Guillem va siempre unos metros por delante, entra el primero en cada nueva sala y no deja ningún detalle al azar.

—Si no ha cambiado, ésta es la habitación del abad —dice el monje y se dirige hacia una puerta que da toda la impresión de estar cerrada y muy bien cerrada—; pero no tengo llave.

—Pues estamos perdidos —opino, mientras no le quito el ojo al pasillo decorado con cuadros que muestran escenas terribles del *Apocalipsis* pintadas por maestros olvidados del Barroco.

—Qué falta de confianza, señores —nos regaña Beatriu, y abre una pequeña caja con herramientas.

—Venga, chica, que esto no es una novela de espías —le digo con risa contenida.

—Si tú lo dices…

Nos ha intrigado. Tanto el padre Guillem como yo miramos con atención cómo manipula unos pequeños mangos y los completa con un par de herramientas de punta cuadrada. Después de unirlos los hace girar. El resultado es que ha montado unas pequeñas tenazas que introduce decidida por el ojo de la antigua cerradura de hierro. Mi escepticismo va en aumento, sobre todo cuando veo que la herramienta sale un poco doblada.

—¡Tranquilos! Ya sabéis que soy hija de joyeros, y todo lo que funciona en pequeño, también lo hace si aumentamos el tamaño —dice convencida.

Cuando vuelve a probar se oye un chirrido considerable y la puerta se abre sin más. Ella comenta que hemos tenido suerte de que la llave no estuviera pasada del todo. El padre Guillem la mira de una manera que no me permite discernir si le gustan o no las habilidades de Beatriu. A pesar de las dudas, nos hace entrar en la estancia sin más dilaciones.

El espacio no es muy grande. Los muebles son modernos y más lujosos que los de la celda del padre Guillem en Vallbona. Hay una mesa funcional apoyada contra la ventana, y una buena butaca de aquellas cuyos brazos te permiten apoyar el libro e incluso escribir. La cama es estrecha, y me pregunto si es que las camas de los monjes siempre lo son. En la mesa no hay ni un solo utensilio de escritura y sólo se ven libros en una estantería que hay al fondo de la habitación.

—Ahora es la nuestra —nos recuerda Beatriu.

—Sí, y no tenemos demasiado tiempo —le respondo a la vez que me acerco a los libros y empiezo a hojearlos.

El padre Guillem no nos ayuda. Si no supiera de su sentido práctico, diría que entrar en la habitación le ha provocado recuerdos que le ocupan la mente por completo.

—¿Qué hacéis en la habitación del padre abad?

La voz nos llega desde la puerta. Es firme y no parece muy amistosa. Beatriu se queda con el *Malleus Maleficarum* en las manos y yo a medio camino de devolver uno de los volúmenes que he cogido. Guillem Rosa se ha sentado en la cama y no da la impresión de prestar mucha atención a la voz que nos recrimina.

Ahora sí que la hemos hecho buena, pienso, pero no digo nada. Tengo la impresión de que cualquier cosa que diga será inútil.

XXII

Cuando comenzó esta aventura no me esperaba que acabaría en una celda del monasterio de Poblet, con Beatriu enfurruñada y el padre Guillem ausente en sus mundos imaginarios, pensando tal vez en aquella época en la que también él, como padre abad, hacía y deshacía. Ahora mismo somos una especie de prisioneros de la Iglesia que, según parece, esperamos que acabe la misa para que el abad Rubí decida qué hay que hacer con nosotros. En la puerta están plantados dos monjes que, aunque no lo hemos intentado, creo que nos impiden cualquier oportunidad de huir.

El abad Rubí se hace esperar, pero finalmente entra en su celda seguido de los monjes guardianes y de un visitante inesperado, el padre Asier.

—Bien, padre Guillem, ya suponía que algún día justificaríais vuestra expulsión del cargo. Pero de esta manera tan vergonzosa... Atrapado como un vulgar ladrón —nos sermonea el abad nada más entrar, con palabras también para nosotros—. ¿Y usted, señorita? Tengo noticia de sus métodos poco edificantes, digamos, cuando se trata de perseguir una información. De usted, Enric Grau, ¿qué puedo decir? ¡Un profesor que hace novillos de sus clases para participar en un robo!

La retahíla de reproches no nos afecta, es más, Guillem Rosa parece salir de su letargo, se levanta y da dos pasos en dirección al abad. Los dos guardias se interponen enseguida, pero el padre Miquel de Rubí los hace retroceder con autoridad. Rosa y Rubí quedan enfrentados y se miran de arriba abajo. Pienso que si estuviéramos en una película, éste sería el momento culminante de los actores; se lo reprocharían todo con la mirada y después llegaría el turno de las palabras duras, de llegar a las manos quizá. Son elucubraciones. La escena que tenemos delante es mucho más extraña.

—De robos sabes tú más, Miquel. Me robaste el puesto que me correspondía en esta vida —dice el padre Guillem, pero su actitud está lejos del reproche, más bien parece que le esté agradecido.

—Sólo se hizo lo que se tenía que hacer, era la voluntad de Dios —salta de repente el padre Asier ante el silencio sonriente del abad Miquel de Rubí.

—Tú sí que me has engañado bien, Asier Montroig; pensaba que eras mi amigo —responde Guillem Rosa—. Pero ahora veo que sólo eres un esbirro del abad.

—El padre Asier entiende que la historia de la Iglesia es muy importante y no se puede dejar en manos de cualquier historiador laico —explica el abad Rubí, que ahora se enfrenta a Beatriu—. No despreciamos en absoluto el trabajo de los historiadores, pero únicamente desde una perspectiva que no olvide la palabra de Dios y sus enseñanzas se puede tratar con el suficiente cuidado un material tan sensible.

—Sí, pero los historiadores de la Iglesia olvidan que sin objetividad, sin una mente abierta, no sirve de nada interpretar el pasado —interviene Beatriu, desafiante, mientras Guillem Rosa continúa con la mirada clavada en el padre Asier con asco evidente.

—Sabemos de su adscripción marxista, querida amiga. No hace falta que enarbole más banderas —responde el abad Rubí perdiendo un poco la elegancia—. Creo que ya basta de tanta palabrería. Os hemos pillado en un intento de robo, pero por mi posición me toca ser benevolente. Usted, padre Guillem, será recomendado personalmente para un largo viaje a las misiones. Con los otros dos ya pensaré cómo hacer llegar mis quejas a la universidad; no podrán entrar nunca más en un archivo de la Iglesia.

Es evidente que nos la hemos cargado, y me extraña que no nos amenace con la policía. Eso de informar a la universidad es muy retorcido, pero a largo plazo puede perjudicarnos más. Beatriu está a punto de saltar, pero el padre Guillem agarra al abad del brazo e intenta llevárselo fuera. De entrada parece que Miquel de Rubí vaya a resistirse, pero cede, dejando un curioso grupo dentro de la estancia. Todos evitamos las miradas, todos menos Beatriu, que parece que disfrute mucho repasando los rostros de las personas que nos retienen.

¿Qué le habrá dicho Guillem Rosa al abad para que poco después éste diga a los monjes que es suficiente, que pueden volver a sus quehaceres? Los dos se quedan tan sorprendidos como nosotros, pero sé que ése es el momento y, ante la cara de circunstancias del padre Asier cojo a Beatriu del brazo antes de que abra la boca y lo estropee. Rosa nos espera fuera y también nos recomienda que nos demos prisa.

—Esto va a tener que explicárnoslo, padre Guillem —pide Beatriu tirándole de la manga.

—De acuerdo, pero ahora no es el momento. Tenemos que largarnos mientras le duran las dudas —responde Rosa mientras observa que miro atrás insistentemente, hacia el padre Asier, que ha salido de la estancia y se esfuerza por digerir su perplejidad.

Después de lo que nos ha pasado, estar sentado frente a una cerveza fría en la terraza del Villa Engracia puede llegar a ser una especie de deseo imposible. Pero ésa es nuestra situación sólo media hora más tarde. Los tres estamos sentados, tranquilos y aliviados. Beatriu y yo bebemos una Coronita que baja por la garganta como si fuera un regalo del cielo, y el padre Guillem se ha pedido una tónica y ha vuelto a encerrarse en sus pensamientos.

De hecho, Beatriu y yo tampoco tenemos muchas ganas de hablar. La aventura matutina nos ha hecho tomar contacto con las dificultades de una búsqueda en la cual se ponen en juego estamentos tan poderosos. Si no fuese por Sonia, que ha venido a la mesa para ver si habíamos comido algo, creo que habríamos pasado por alto esa clase de necesidades cotidianas.

Comer algo es buena idea. Pronto serán las cuatro y la pausa que han hecho nuestros estómagos llega a su fin. Además, comer nos hace tomar contacto con el mundo otra vez. Y así, me arriesgo a formular las dudas que me ocupan el pensamiento hace tiempo.

—Aún resultará que hemos tenido suerte —ironizo para romper el hielo—, pero posiblemente la intervención del padre Guillem ha sido decisiva.

—No va a contarnos nada de su conversación con el abad Rubí si piensa que puede perjudicarnos —apunta Beatriu mientras observa el silencio del monje—. Es todo un caballero de la Iglesia, ¿no es cierto, padre?

—Si es una pregunta te diré que solamente quiero ser justo, y no es fácil dadas las circunstancias —dice Rosa despertando de su embelesamiento—. Pero, en efecto, no os diré nada de mi conversación con el abad. Todos tenemos secretos que queremos preservar, y en este caso mi curiosidad nos ha ayudado.

—Lo comprendo —proclamo con pasión—, pero debe de ser algo muy gordo para que Miquel de Rubí nos haya dejado marchar. Yo ya me veía en la cárcel.

—O en una de esas celdas medievales, encadenado de pies y manos —sugiere Beatriu con sorna.

Quiero responder, pero el padre Guillem me lo impide con una mirada furtiva. El asunto de nuestra liberación queda aparcado. Y entonces es cuando nos sorprende. No está dispuesto a dejarse ganar la partida por el abad, ni, y en eso pone mucho énfasis, por esa especie de Judas venido a menos que es el padre Asier. Nos explica que ahora entiende muchas cosas, que era el padre Asier quien, como confidente suyo, iba a contarle al actual abad sus planes de dotar al monasterio de un reglamento de visitas que favoreciera el trabajo de los investigadores laicos. Ya no tenía ninguna duda de que esa información fue aprovechada para desacreditarlo ante la Santa Sede.

—Fui víctima del mismo sistema que yo quería implantar —concluye Rosa—; traicionado por la persona en la que había depositado mi confianza.

—No sé si he visto demasiadas películas —digo de repente interrumpiendo sus reflexiones—, pero ese padre Asier me ha llamado la atención por su actitud cuando entraba en la celda con el abad. Me ha recordado a aquel actor que sale en *M*, la película de Fritz Lang. ¿Cómo se llamaba? ¿Peter Lorre? Pero no me he fijado sólo en eso…

—¿A qué te refieres, Enric? —pregunta Beatriu, que ya ha terminado su ensalada.

—Tal vez me equivoque, pero creo que inspeccionaba insistentemente una parte muy concreta de la estancia.

—¿Qué parte? —interroga Rosa, súbitamente interesado.

—Pues el trozo de pared que hay a la derecha del cabecero de la cama.

Guillem Rosa no responde enseguida. Se queda pensando, como si quisiera recuperar alguna imagen de su memoria. Un par de minutos después, mientras Beatriu y yo damos cuenta del bistec que nos han traído de segundo plato, nos deja de una pieza.

—¡Ya sé dónde está escondido el manuscrito del maestro Aloi!

—¿Qué dice, padre Guillem? Pero ¿cómo puede estar tan seguro? —pregunta Beatriu, que ha sido la primera en reaccionar.

—Bueno, seguro no estoy, pero es un buen escondite si uno quiere ocultar algo.

—Tiene algo que ver con mi percepción —insinúo tímidamente.

—¡En efecto! Eres muy observador, Enric. Me has hecho recordar el día de mi nombramiento y que alguien me contó que había un pequeño armario secreto para el uso personal del abad.

—¿Y es en ese escondite donde el padre Miquel podría haber guardado el manuscrito? —pregunta Beatriu, no muy convencida.

—¿Por qué no? Si su contenido puede causar tanto daño a la Iglesia, a nadie, salvo a los monjes, se le ocurriría buscarlo allí.

—A usted sí, por lo tanto no sé si no se trata de una grave equivocación —digo, dispuesto a tirar del hilo.

—Sin duda pensaban que no nos íbamos a atrever a entrar allí —concluye el padre Guillem.

La mera posibilidad de saber dónde está el manuscrito que tanto deseamos encontrar nos paraliza. La ternera se enfría en el plato y Beatriu vuelve a intervenir para recordarnos que ahora ellos ya saben hasta dónde somos capaces de llegar.

—Por lo tanto, tenemos que actuar esta misma noche. Y tenemos que ser rápidos, silenciosos, efectivos —nos suelta Guillem Rosa, aturdiéndonos con su energía.

La perspectiva de volver al lugar de los hechos excede lo que yo soy capaz de soportar. Me levanto con la excusa de ir al baño, pero en el fondo no es ninguna excusa. Acabo de darme cuenta de que lo necesito realmente. Entro en el edificio del hotel y paso por delante de Sonia, que se las ingenia para dedicarme una sonrisa a la vez que habla con unos clientes de aspecto nórdico.

Para llegar al baño hay que cruzar toda la planta baja y pasar, entre otras salas, por delante del comedor interior. No puedo creer lo que veo allí. El profesor Badia come tranquilamente mientras lee el periódico. ¿Qué está haciendo en el Villa Engracia? Es imposible que sea una casualidad, y si no lo es, evidentemente persigue lo mismo que nosotros.

Me paro a un lado de la puerta, confundido. No tengo ninguna duda de lo que he visto, pero vuelvo a lanzar una mirada furtiva al comedor. Badia parece un hombre feliz, pero siempre lo parece; un turista que pasa unos días de descanso en el hotel. Por un momento dudo si volver sobre mis pasos e informar inmediatamente a Beatriu y al padre Guillem de la presencia que nos acompaña, pero hay veces que la necesidad nos obliga a tomar decisiones y voy hacia el baño. Cuando vuelvo a pasar por delante del comedor, Badia sigue comiendo su ensalada con complacencia.

El padre Guillem y Beatriu, por el contrario, han arrinconado los platos a un lado de la mesa, el mío también, y se dedican a tomar notas en la libreta de tapas negras que ella siempre lleva encima. Me piden que me siente y pretenden que los escuche con atención, pero pienso que es más importante el descubrimiento que he hecho en el interior del hotel, y así se lo cuento.

—¡Caray! ¡Qué insistencia la del profesor! —salta Beatriu—. Creo que nos costará quitárnoslo de encima.

—Lo que no entiendo —interviene inesperadamente Rosa— es por qué os preocupa tanto compartir con el profesor Badia el manuscrito de Aloi de Montbrai. Vosotros mismos me habéis confesado en algún momento que es vuestro maestro, que sin él no habríais llegado tan lejos como historiadores. Sí, ya sé que va mucho a la suya, pero parece una persona íntegra.

Beatriu y yo nos miramos como si nos hubiesen pillado en una falta un poco vergonzosa. Ninguno de los dos tenemos una razón de peso para negarnos a la intervención de Badia, pero pienso que ha sido su insistencia, y sobre todo sus métodos, lo que nos ha puesto en guardia. Me pregunto si no estamos sufriendo un poco en propia carne la actitud que nosotros mismos tenemos cuando perseguimos una información importante.

Estas reflexiones quedan truncadas por la aparición del profesor, que luce una sonrisa de oreja a oreja y destila amistad por todos los poros. El padre Guillem se abstrae de una situación que probablemente opina que tenemos que resolver nosotros. Pero Beatriu se levanta y, sin siquiera mirar a Badia, nos comunica que necesita descansar un rato.

—¡Qué casualidad, profesor! —digo con una ironía que quiere ser salvaje y resignándome al papel de único interlocutor.

—¡Hola, Enric! —contesta Badia, con Beatriu desaparecida de escena y el padre Guillem recuperando el plato de ternera—. Dejémonos de burradas. ¿Vale? Tú y yo ya sabemos que no es ninguna casualidad. Habéis tenido mucha suerte con vuestro descubrimiento, pero hace mucho tiempo que estudio la escultura gótica catalana. Ésta es una investigación en la que me gustaría participar.

—Lo siento, pero no creo que su proceder haya sido el más correcto —digo, midiendo mis palabras, más que nada por la tesis de Beatriu, o porque en el fondo lo entiendo.

—¿Por qué? ¿Porque me intereso por una investigación que me afecta personalmente? ¿Porque insisto…?

—Es muy sencillo, profesor, porque no es su investigación. Usted me ha enseñado mucho de este oficio, pero también hay cosas que un buen historiador no puede compartir hasta tenerlas publicadas en un libro —de alguna manera le estoy devolviendo la angustia que me hizo pasar con la tesis, cuando me escondía información para que me esforzara más en la búsqueda, y también las llamadas de la última semana, las amenazas, las dudas que introdujo en momentos que eran importantes para Beatriu y para mí.

—¡De acuerdo! Si así lo queréis, así será —asegura, y tengo la impresión de que quiere decir algo más, pero se queda mirando al padre Guillem que está comiendo como si ése fuera el banquete más delicioso del mundo.

Mientras observo cómo el profesor Badia se retira a sentarse a una mesa lejana, Guillem Rosa aparta el plato del que comía con tanto deleite.

—¿Crees que te sentirás bien después de esto? —me pregunta, y adivino por el tono que no quiere sonar trascendente pero no puedo evitar una respuesta irónica.

—A usted quizá le sepa mal por aquello de «poner la otra mejilla», pero a mí…

—No creas, a veces también es positivo poner en práctica la autoestima de uno, y me parece que el profesor Badia os las ha hecho pasar canutas. Tú sabrás cuál ha de ser la mejor actitud.

El padre Guillem me desconcierta una vez más por su manera

de ver la justicia. Le doy las gracias, más que nada porque no sé qué decir. Tengo la sensación de que la cabeza va a estallarme pronto. No he entendido la huida de Beatriu, ni siquiera sé si pienso de verdad lo que le he dicho al profesor.

Entonces, el monje me cuenta el plan que ha ideado con Beatriu para esa noche. Volveremos a Poblet cuando anochezca y, si realmente está guardada en la celda del abad Rubí, nos llevaremos la crónica del maestro Aloi. No tengo que preocuparme por nada, dice, y me coge tan por sorpresa que no tengo fuerzas para oponerme. No le pregunto cómo entraremos en el recinto ni qué haremos para no ser vistos. Las circunstancias han acabado minando mi resistencia.

Después de una reflexión sobre el paso de los años, llega a la conclusión de que él también necesita descansar un rato y me recomienda que haga lo mismo. Pero yo tengo demasiadas cosas en la cabeza. Cuando el monje se ha ido, miro hacia la mesa donde se ha instalado el profesor Badia. Ya no hay nadie, sólo una pequeña taza de café, sin duda vacía.

XXIII

La tarde ha transcurrido conmigo sentado bajo el magnífico abeto centenario que preside la terraza del Villa Engracia. He pedido un té verde y me entretengo con el declinar del sol. Contemplo cómo los rayos se filtran entre las copas de los árboles y cómo va transformándose la relación de las sombras que se extienden sobre la gravilla. Me siento a gusto en este lugar, tal vez porque amo el silencio y aquí en la terraza hay momentos en que sólo se oye el viento suave entre las hojas o algún coche que pasa, muy de tarde en tarde, por la carretera.

Durante un rato he pensado que la desaparición de Beatriu sólo era un artificio para no tener que hablar con el profesor Badia, pero cuando ya estoy aburrido de mis particulares fantasías subo a la habitación y me la encuentro tumbada en la cama, durmiendo. Es una suerte que pueda hacerlo. Yo ni siquiera me lo puedo plantear y salgo de nuevo al exterior. Sonia, siempre en su sitio, me explica el camino para ir a la antigua Font del Ferro, uno de los signos más evidentes del pasado esplendoroso del hotel como lugar de recreo de la burguesía catalana de principios del siglo XX.

Aprovecho que voy a la fuente, hacia la parte alta de lo que era el recinto del balneario, para comprobar la permanencia de las balaustradas que lo rodean y sirven, en la actualidad, para delimitar las casas de colonias esparcidas por doquier. Desde uno de los extremos hay una vista muy atractiva del monasterio entre ramas y follaje. Me doy cuenta de que, desde hace unos días, cada vez que algo me interesa añoro la presencia de Beatriu a mi lado por el deseo de compartirlo con ella. Muy pocas veces me he sentido así, y me preocupa.

Se me ocurre que el ser humano goza de dos tipos de realidad: la que establece con las cosas como persona independiente y única, y la que va construyendo con los demás. ¿Cuál es la más poderosa en el ranking de las necesidades humanas? Es difícil encontrar una respuesta, y sigo mi camino en busca de la Font del Ferro, aunque Sonia ya me ha advertido que la encontraré cerrada. El sol ha perdido fuerza y pronto una tenue oscuridad invade el lugar. Pienso que desde arriba podré ver el ocaso, pero enseguida me doy cuenta de que no llegaré a tiempo y, además, me va a faltar perspectiva.

En estos momentos la fuente no hace justicia a su fama ni a las imágenes de los folletos publicitarios. Las verjas están oxidadas y el conjunto, en fase de reforma, provoca un sentimiento de tristeza. Me digo que la función de una fuente es manar agua, y me trago en seco la decepción.

Mientras retomo el mismo camino de bajada para volver al hotel, observo unas franjas de color naranja que se extienden en el horizonte. Un sentimiento de melancolía me advierte de que el Enric de siempre está de vuelta, el Enric solitario de antes de estar con Beatriu. Se me pasa por la cabeza largarme, regresar a casa y encerrarme a cal y canto con mis libros, prescindir de los sustos de esta aventura cuyo final me resulta imposible adivinar. Dejar atrás la muerte de Ricard como si se tratase de una muerte más encontrada en los libros. Pero entonces me asalta la imagen de Beatriu sentada sobre mí, con esa sonrisa piadosa que la acompaña siempre, y me digo que quiero vivir eso, que nada del mundo podrá impedir que yo viva este tiempo que acaba de inaugurarse.

Me paro un momento para contemplar Poblet a lo lejos otra vez, con el marco de las ramas retorcidas del olivo, una vista teñida del naranja que domina el horizonte. Las piedras del monasterio parecen pintadas de amarillo intenso, sobre todo la torre y el cimborrio de la iglesia; pero un ruido inesperado, como de gravilla pisada, me despierta de mi actitud bucólica. Apenas tengo tiempo de darme la vuelta, porque una sombra que de entrada no reconozco se me echa encima.

Mi espalda impacta con fuerza contra el tronco de un olivo y entonces veo el rostro de mi agresor. Es el hombre de los tejanos que nos importunó días atrás en la terraza del Villa Engracia, sólo que ahora lleva un palo grueso que me aprieta la garganta y está a punto de ahogarme.

—Os dije que la insistencia es peligrosa —comenta, sin importarle demasiado que mi mirada se enturbie por momentos debido a la presión.

Todo va perdiendo su sentido hasta que la tensión se afloja y el aire vuelve a recorrer mis pulmones. Cuando intento comprender qué esta pasando veo al profesor Badia que ha quitado el palo al atacante y lo golpea en los brazos. El hombre de los tejanos cae de culo, se levanta, se lleva la mano al bolsillo interior de la americana y, poco antes de que yo cierre los ojos, sale corriendo hacia el hotel.

—Esto no va a quedar así —dice, categórico.

—¡Cuando quieras, pedazo de mierda! —responde un Badia envalentonado, blandiendo la estaca.

Mi espalda recorre cada nudo de la corteza del árbol, resbala y cae al suelo. El tiempo sin aire me ha dejado muy cerca del desmayo, pero aprovecho las pocas fuerzas que me quedan para agradecer al profesor su intervención.

—Olvídate de eso, chico —responde, despectivo—. Da las gracias a que se me ha ocurrido salir a dar una vuelta, que si no todos tus sueños habrían acabado aquí, a las puertas de Poblet.

Me pregunta si necesito ayuda, pero yo ya estoy llamando a Beatriu para pedirle que salga a buscarme. Badia se aleja y me abandona con un gesto de desprecio en la mano, como si de repente pensara que no vale la pena preocuparse más.

Los tres salimos al exterior del balneario como si fuéramos a dar un paseo. Beatriu se sienta sobre la barandilla, pensativa, lejana, y enciende uno de sus Rex. El padre Guillem y yo nos quedamos charlando delante, muy cerca de la línea de asfalto que marca los márgenes de la carretera. Muy mala idea hay que tener para imaginar la escena siguiente: el BMW que se acerca por el lado de l'Espluga y se para los segundos necesarios para que podamos subir antes de salir disparado.

Beatriu lo ha calculado todo: que ella se sienta delante, que a mí me toca el lado contrario y que Guillem Rosa sube por la puerta que tiene más cerca.

—Los hemos dejado con un palmo de narices —dice el padre Guillem, clavado al asiento por el efecto de la aceleración que coge el coche y sin mostrarse ni siquiera un poco preocupado.

—No tanto —respondo—. He visto un par de sombras que corrían hacia el aparcamiento.

—Tranquilos —interviene inesperadamente el conductor, el mismo joven que por la mañana ha llevado a Guillem Rosa al monasterio—, nadie conoce estas carreteras como yo.

Ni corre tantos riesgos, pienso, mientras el BMW circula por delante de Poblet con velocidad moderada y, nada más pasar el cruce que lleva a l'Espluga, acelera dejándonos una vez más clavados al asiento.

—¿Cuál es el plan? —pregunta el padre Guillem sin que parezca impresionarlo el ritmo de Gran Premio de Mónaco que utiliza el chico para tomar la primera curva.

—Es fácil —responde el conductor—. Primero daremos una pequeña vuelta por caminos vecinales y entraremos en l'Espluga. Si no consigo que se queden clavados en algún bache, entonces les tengo preparada una sorpresa en el Museu del Vi.

Al oírlo se me pasa por la cabeza bajar del coche en marcha, pero sin duda es algo tan suicida como quedarse, o más. El padre Guillem parece divertirse en el asiento trasero, y supongo que Beatriu se lo estará pasando en grande, considerando su forma de conducir, sobre todo por carreteras secundarias.

El BMW siempre gira a la derecha en las bifurcaciones y poco después se mete por un camino de tierra. El conductor mira constantemente el retrovisor y estoy seguro de que observa la estela de polvo que nos sigue. Pasamos como una bala ante la granja de Milmanda, un escenario de las aventuras del maestro Aloi que parece un castillito de cuento infantil venido a menos. El conductor suicida dice que ahora pasaremos al plan B. No puedo evitar que me tiemblen las piernas.

Salimos a carretera asfaltada y dejamos de dar tumbos, cosa que se agradece. Enseguida se ve un cartel que anuncia l'Espluga, pero no es muy necesario. Estamos dentro del pueblo y el coche recorre las primeras calles hasta que dobla a la derecha y se para delante del Museu del Vi.

—Bajad, rápido —nos dice—. Si todo sale bien, será divertido.

Obedecemos. ¿Qué otra cosa podemos hacer? Me parece que la carrera ha estado un poco fuera de lugar, pero pronto tengo que reconocer que el plan es brillante. Una vez dentro del museo, esperamos cerca de una puerta lateral y, en cuanto entran los perseguidores, salimos al exterior no sin antes haber hecho saltar la alarma. El chico nos explica el plan B andando tranquilamente hacia otro coche, un sencillo Seat Ibiza que nos espera en la parte de atrás.

—Cuando salta la alarma el museo queda herméticamente cerrado y se dispara una luz en la oficina de la policía local. Esos tipos van a tener que explicar qué hacían a estas horas en el museo. Les costará un poco convencer a los policías porque son amigos míos, estudiamos juntos.

—No os he presentado —dice satisfecho el padre Guillem—. Este chico es Marc Vergés, y siempre que lo he necesitado ha sabido ayudarme. Le debo mucho. Como ya os habréis imaginado, trabaja de vigilante en el Museu del Vi.

—Vamos, padre Guillem, no diga eso. Yo sí que le debo mucho a usted —dice el conductor al tiempo que demuestra con la primera aceleración que la sencillez del Ibiza es sólo aparente.

A buen ritmo, pero sin sustos, el Seat deja atrás l'Espluga en dirección a Poblet. Durante el trayecto, Guillem Rosa explica cómo el tal Marc Vergés lo ayudaba con los chicos y chicas más conflictivos de un programa de reeducación que pusieron en marcha, con tan buenos resultados que dos de ellos consiguieron ir a la universidad. A mí me parece una batallita cargada de buenas intenciones, no exenta de mérito sin duda, y no me atrevo a preguntar si este muchacho acabó alguna licenciatura.

Además, la incógnita más urgente aún no la ha despejado nadie. Cómo nos las arreglaremos para entrar en Poblet, de noche y sin un padre Asier que nos abra las puertas. Poco antes de llegar a la puerta principal, Marc para el coche en la cuneta y nos pide que bajemos. Los muros del monasterio están a pocos metros de distancia y Guillem Rosa se pone al frente del pequeño grupo de asalto.

—Bueno, amigos. Marc nos conducirá bordeando los muros hasta una de las puertas laterales. Él tiene la llave porque cada mañana entra con la furgoneta para entregar suministros. La vida moderna exige estar pluriempleado. Después nos tiene preparada una sorpresa.

—¿Otra? ¡Caramba! ¡Esto es como en los viejos tiempos! —salta Beatriu, que disfruta de lo lindo con la aventura.

—Espero que el Señor nos proteja —digo con toda la ironía de la que soy capaz.

—Nos protegerá, Enric, puedes estar seguro —responde el padre Guillem, que se ha tomado muy en serio mi petición, y después se dirige a Marc—: ¿Estás seguro de lo que vas a hacer?

—Lo estoy, padre. Ya sabe que puede contar conmigo. Vamos, amigos —nos recuerda—, que la noche es corta.

Demasiado corta o demasiado larga, todo dependerá de la cárcel en que acabemos, pienso, pero me callo. Creo que me acusarían de desertor y me mandarían al infierno con alguna fórmula primitiva.

XXIV

Como ha previsto Marc, la llave encaja en la cerradura a la perfección. Cuando se abre la puerta ante nosotros, el amigo del padre Guillem se despide y nos desea mucha suerte. El Ibiza sale disparado dejando marcado el dibujo de las ruedas en la gravilla, pero yo quiero saber más y me digo a mí mismo que en todos los grupos humanos siempre hay alguien que hace de «Pepito Grillo».

—¿Qué piensa hacer Marc, exactamente? —pregunto antes de que pasemos al interior del monasterio y ya nada tenga remedio.

—No te preocupes por él —me responde Guillem Rosa—. Marc sabe muy bien lo que se hace.

—Pero yo no sigo adelante si no nos lo cuenta.

—¡Enric! —interviene Beatriu incómoda—. ¡Yo confío plenamente en el padre Guillem!

—Déjalo, mujer. Tal vez tenga razón. No es justo que os implique en una aventura de la que no lo sabéis todo. Marc tiene preparado un numerito, como él dice, para entretener a los habitantes del cenobio. Es un enamorado de los coches, como habéis podido comprobar, y su plan es estampar el Ibiza contra la puerta principal de Poblet. Antes se habrá rociado con whisky y montará una muy gorda: conductor borracho que se estrella contra el monasterio y, además, despotrica de Dios.

—¡Pero eso puede ser peligroso! —digo sin acabar de entender muy bien la jugada—. ¿Y si se lastima? Además, acabará en la comisaría.

—No exactamente —explica el padre Guillem—. El coche está preparado, y él sabe a qué velocidad tiene que estrellarse para causar el mínimo daño posible, tanto a la puerta del monasterio como al Ibiza. Por otra parte, no vendrá la policía sino la Guardia Civil, y los que están de servicio son amigos nuestros.

Me quedo frito ante las dimensiones que ha tomado el asunto. No esperaba que el padre Guillem fuera capaz de una cosa así, pero por lo visto todo está previsto y han movilizado a toda la comarca.

—¿Estáis seguros de que merece la pena hacer todo esto por la crónica del maestro Aloi? —pregunto, aunque intuyo que hay más cosas que se me escapan.

—Enric, ¿quieres saber si la reina fue asesinada o no? ¿Ya no te acuerdas de Ricard? Su muerte nos ha conducido hasta aquí —proclama Beatriu, que empieza a ponerse nerviosa.

—Sí, pero no a cualquier precio.

—Pues me parece que no hay otra manera, amigos míos. Yo, por supuesto, no puedo obligaros a entrar conmigo. También puedo hacerlo solo. —Me digo que la inteligencia del abad no tiene límites.

—¡Para nada! ¡Yo voy! ¿Y tú, Enric?

—No me dejáis muchas opciones, pero que conste mi queja por los métodos utilizados.

—Constaría si alguien tomara nota, pero no es así —dice mi osada pareja mientras me obliga a pasar por la puerta a empujones.

Por esa zona de la muralla apenas se nota el efecto de las luces que iluminan el conjunto monumental. Aprovechamos que sólo somos sombras en la noche para acercarnos a la puerta de acceso de las visitas. Pero en lugar de plantarnos delante nos escondemos en un pequeño jardín elevado que hay cerca de la fuente.

—Ahora sólo nos queda esperar —dice el padre Guillem, de puntillas.

Sólo han pasado unos segundos cuando oímos un golpe lejano. Parece que nadie lo oirá en el interior, pero enseguida se abren las puertas y un monje sale a buen paso hacia la entrada principal de Poblet. El ex abad nos va relatando los hechos.

—Este monje es el que permanece despierto en el interior por si hay alguna urgencia. El guardián lo habrá advertido de que un coche se ha estrellado contra las puertas de la entrada. Supongo que Marc representará bien su papel, pero sólo tenemos que esperar un poco más para saberlo.

No nos toca esperar mucho. Minutos después, el abad Miquel de Rubí sale por la misma puerta rodeado de otros monjes con aspecto soñoliento. Todo el grupo se dirige a la entrada.

—Ahora es la nuestra —dice Guillem Rosa mientras se levanta la capucha del hábito y camina hacia la puerta de las visitas—. Cuando os haga una señal, seguidme sin tardanza.

—De acuerdo, padre —responde Beatriu que muestra una tensión extrema.

Unos segundos más tarde ya hemos traspasado el tercer recinto del monasterio y caminamos por un pasillo que conduce a las celdas. Beatriu ya tiene en las manos las herramientas que utilizó el día anterior, pero esta vez no son necesarias. La puerta de la habitación del abad Rubí está abierta.

—Tenemos poco tiempo —digo, sólo para ponerme un poco en situación.

—Tranquilos, chicos. Marc hará bien su trabajo —nos asegura

el padre Guillem mientras se acerca al cabecero y examina la pared—. ¿Veis? Aquí hay un pequeño compartimento secreto, pero nos falta la llave.

—Dejadme hacer. —Beatriu avanza decidida hurgando en su bolsa.

Mientras introduce una herramienta larga y ganchuda por la cerradura, yo vigilo desde la puerta. En un primer momento todos confiamos que podrá abrir el compartimento secreto, pero poco a poco empezamos a pensar que no lo conseguirá. Imagino que Guillem Rosa está pensando lo mismo porque abre una pequeña mochila y saca de su interior un martillo y un formón.

—¿Qué quiere hacer, padre Guillem? —pregunta Beatriu sin entender muy bien cuál va a ser el siguiente paso.

—A veces hay que ser contundente, hija mía.

El ex abad introduce el formón en la ranura apenas visible del compartimento y da unos cuantos golpes. La pequeña puerta de madera no tarda en desportillarse y, acto seguido, se abre bajo el efecto de un golpe más decidido. Desde el umbral de la celda alcanzo a ver que en su interior hay varios libros y cuadernos.

—Me parece que aquí hay unos cuantos tesoros —dice Guillem Rosa después de guardar las herramientas en la mochila.

Nos situamos a su espalda, conscientes de que tiene que ser él el primero en inspeccionar el escondite. Beatriu me mira y leo en sus ojos una mezcla de espanto y esperanza. El padre Guillem saca todo lo que hay y lo deposita con cuidado sobre la cama, pero es fácil distinguir el manuscrito encuadernado de Aloi.

—He tenido que esperar unos cuantos años, pero ahora sabré por fin cómo acaba la crónica del maestro Aloi —dice el ex abad, como si por un momento se hubiera olvidado de nuestra presencia.

—¡No podemos quedarnos, padre Guillem! Debemos irnos antes de que venga alguien —recuerdo, antes de que el descubrimiento nos haga perder a todos, y nunca mejor dicho, el oremus.

—Sí, debemos irnos ya —me ayuda Beatriu, recogiendo los otros hallazgos y guardándolos con muchas prisas en el compartimento.

—Tampoco creo que ahora dependa de eso —apunto mientras vuelvo a mi posición de vigilante.

Pero en cuanto saco la nariz me encuentro cara a cara con una figura bien conocida. Llamó la atención de mis compañeros y Beatriu hace una mueca de asco. El padre Guillem no parece tan sorprendido.

—¡Hola, profesor Badia! Imaginaba que tarde o temprano podríamos disfrutar de su colaboración —dice el ex abad con una tranquilidad pasmosa.

—¿Habéis encontrado el manuscrito? —pregunta Badia sin responder a las ironías de Guillem Rosa.

—Por supuesto que sí —contesta inesperadamente Beatriu—. Pero no lo compartiremos. Ya puedes volver por donde has venido.

—¡Un momento! No os va a ser tan fácil deshaceros de mí. Además —dice el profesor volviéndose hacia mí—, si no fuera por mi ayuda quizá estarías muerto, Enric Grau.

Por un momento pienso que todo irá bien, que saldremos del monasterio con el profesor y que los cuatro podremos leer tranquilamente la crónica del maestro Aloi. Pero Beatriu avanza decidida hacia el profesor y se le planta delante. El padre Guillem intenta retenerla pero le indico con un gesto que la deje hacer. Sin embargo, no sospecho lo que está a punto de decir.

—¡El gran profesor! El catedrático de historia medieval más admirado de toda Europa —comienza a hablar Beatriu subiendo el tono de voz en cada palabra—. Todo muy espectacular, sí, pero tal vez les gustaría saber a tus admiradores que eres un canalla…

—Hay que ver lo que puede hacer una mujer cuando se siente rechazada —apunta Badia en un rapto de vanidad que no esconde su nerviosismo.

—¡Rechazada! Aquello fue un error del cual me arrepentiré toda mi vida, pero no impide que seas un rufián sin escrúpulos…

—Beatriu, por favor —le digo al ver que cada vez se pone más nerviosa.

—¡Déjame, Enric! ¿De verdad crees que te ha salvado la vida en el Villa Engracia? A ese cabronazo de los tejanos lo contrató él. Los vi hablando fuera del hotel cuando salí a socorrerte. Parecían grandes amigos y se reían —me quitaría el sombrero ante la facilidad de Beatriu para esconder los hechos y utilizarlos en el momento más oportuno, pero no llevo.

—¿Es cierto eso, profesor? —interviene el padre Guillem con autoridad mientras yo acabo de digerir lo que estoy escuchando.

—Está bien, lo confieso. Pero nadie salió herido. Tenéis que entenderme. Estaba rabioso porque no contabais conmigo. Pero ahora está todo arreglado.

—De ninguna manera —grita Beatriu mientras va arrinconando al profesor hasta que éste tropieza y cae de espaldas.

—¿Qué has hecho, Beatriu? —le digo al darme cuenta que Badia se ha golpeado la cabeza y está inconsciente.

—Un momento, dejadme ver —el padre Guillem se adelanta y lo examina—. No es nada, pero estará fuera de este mundo unos minutos.

—¿Estáis pensando lo mismo que yo, padre? —pregunta Beatriu con tono malicioso.

—¿Te refieres a que no quedaría mal un titular de periódico que dijera que el admirado profesor Jaume Badia, catedrático de la Universitat de Barcelona, ha sido descubierto en el interior de la celda del abad de Poblet, justo después de la desaparición de un valioso manuscrito?

—¿Cómo podéis pensar estas cosas y quedaros tan tranquilos? —pregunto yo, entre divertido y dudoso.

—¿No dirás que no te gusta, Enric? Y si el loco de su cómplice te hubiera hecho daño, ¿qué pensarías, entonces?

—La verdad es que todavía me duele la garganta.

—Pues venga, poneos de acuerdo que ahora sí que hay que irse —dice el padre Guillem, y pregunta—: ¿Serás capaz de cerrar la puerta por fuera con tus artefactos?

—¡Claro! No se podrá abrir ni con la llave verdadera —responde Beatriu divertida.

Mientras observo cómo Beatriu manipula la cerradura pienso que el profesor se lo merece, pero no puedo dejar de reconocer que su valor para tomar iniciativas me despierta cierta admiración. Tal vez mi trabajo en la universidad pase a mejor vida después de esta jugarreta, pero habrá valido la pena. O eso creo.

—¿Qué pensará el abad Rubí cuando vea que el manuscrito ha desaparecido? —pregunta Beatriu caminando por la carretera de vuelta al Villa Engracia.

—No sé si será el más sorprendido de todos —asegura el padre Guillem con un tono enigmático.

—Volvemos a las adivinanzas —digo, parando para sacarme la piedra que se me ha metido dentro del mocasín.

—Bueno, como veo que sois expertos en esconder información, de alguna manera tengo que protegerme.

—Me parece que eso es trampa, padre Guillem —responde

Beatriu, que lleva la bolsa con la crónica del maestro Aloi cogida con las dos manos.

—Quizá, ¿pero no creéis que tendríamos que aligerar un poco el paso? Creo que mi necesidad también es la vuestra.

—¿Leer el final del manuscrito, por un casual? —interviene Beatriu—. De acuerdo, pero yo me pido una cerveza aunque tenga que despertar a Sonia.

Yo me conformaría con un poco de tranquilidad, pienso mientras el padre Guillem acelera el paso y nos deja atrás en unos segundos. Intercambio una mirada de complicidad con Beatriu y hacemos un esfuerzo para alcanzarlo.

XXV

La aventura nocturna en el monasterio de Poblet nos ha hecho perder de vista la hora que es. Pero nada más llegar delante del Villa Engracia y ver que no hay señales de vida por ningún lado nos damos cuenta que son más de las tres. Después de insistir mucho, el vigilante nocturno nos abre la puerta del hotel. A nuestras demandas responde que la única manera de tomarnos una cerveza es que él nos la proporcione y que mañana se la paguemos a Sonia. Aceptamos con una firme promesa y en un abrir y cerrar de ojos vuelve con la cerveza, un agua sin gas, que no tengo yo el estómago para grandes alegrías, y una Coca-Cola para el padre Guillem.

—¿Podemos utilizar la sala de lectura que hay al lado de las cocinas? —pregunto al vigilante que parece despertar con los diez euros que Beatriu le pone delante de las narices—. Tenemos que acabar la revisión de unos papeles y nos ha parecido que allí estaremos cómodos.

—Por mí no hay inconveniente, puesto que son clientes del hotel, siempre y cuando no armen mucho jaleo. También tengo que velar por los que duermen, no sé si me entienden.

—Perfectamente. Le prometemos que mantendremos un silencio religioso —responde Beatriu, y el hombre esboza una sonrisa ante los hábitos del padre Guillem.

La sala de lectura funciona como un pequeño museo improvisado del antiguo balneario. En las paredes hay muchos documentos enmarcados. El más alejado en el tiempo nos remite al año 1891 y anuncia la apertura de la temporada del hotel, con habitaciones desde 3,50 pesetas hasta 10 pesetas y agua mineral gratis, además de dos trenes diarios, uno a las once y otro a las siete de la tarde. Pero el recorte que más me llama la atención es una noticia de prensa con un titular sorprendente: «Einstein en l'Espluga de Francolí», donde se cuenta que el científico hizo una parada durante un viaje en 1923. Como prueba irrefutable publican una fotografía del personaje, con una gorra estilo Doctor Zhivago, rodeado de niños en una calle del pueblo, delante de lo que parece un trotado Hispano-Suiza. En el reportaje aventuran que el objetivo de ese alto en el camino en l'Espluga era visitar el monasterio.

Intento compartir mi curiosidad con Beatriu y el padre Guillem, pero ellos han decidido no perder ni un segundo: están sentados uno junto al otro y hojean el manuscrito. Me pregunto si me estoy negando a saber cómo acaba la historia del maestro Aloi, como si esa información pudiera suponer también el final de mi relación incipiente con Beatriu. Pero verlos tan concentrados en esas páginas excita demasiado mi curiosidad y me coloco detrás de ellos, apoyado en el sofá de piel que sin duda ha soportado muchas confidencias.

Enseguida me doy cuenta de que la letra del escultor es endemoniada, incluso para nosotros, tan acostumbrados a lidiar con manuscritos medievales. Beatriu tampoco parece entenderlo muy bien y los dos acabamos reclamando la ayuda del padre Guillem.

—O estoy demasiado agotada o ese escultor no utilizaba el realismo de su arte en sus grafías —reconoce Beatriu, mostrándose visiblemente molesta.

—Si me dais unos minutos intentaré encontrar el punto donde dejé la lectura y después podré resumir las partes que más nos interesen.

—Yo quiero saber si Leonor de Portugal fue asesinada o si todo fue una elucubración del maestro Aloi —dejo ir desde mi atalaya.

—¡Dios mío, Enric! ¿Aún lo dudas? —contesta Beatriu, que me mira como si tuviera ganas de estrangularme.

—¡Vale, vale! ¿Me dejáis que me concentre un poco? ¿Por qué no os vais a discutir a otra parte? —ruge el padre Guillem, enfadado.

Por lo que he podido comprobar durante estos días no es nada fácil que el ex abad levante la voz, así que lo dejamos solo. Beatriu sale detrás de mí y comenta que el vigilante está fumando en el exterior del hotel. Decide imitarlo y yo me uno a ellos a una cierta distancia, con poco entusiasmo. El intento de iniciar una charla resulta infructuoso y nos quedamos los tres en compañía de las estrellas, muy visibles, incapaces de compartir la belleza de esa noche. Sé que la cabeza de Beatriu hierve con pensamientos que me gustaría conocer.

Dos cigarrillos más tarde aparece el padre Guillem y, por la cara que pone, intuyo que las noticias no son muy buenas. Nos hace un gesto con la mano y nos sentamos los tres alrededor de una de las mesas de la terraza. El vigilante del hotel nos vigila de cerca. Pensará que somos unos personajes bien raros, sentados al relente de la noche casi a las cuatro de la madrugada, concentrados en un libro viejo.

—Vamos, padre Guillem, que parece que nos tenga castigados —pide Beatriu, tan ansiosa como yo.

—Sí, ya lo sé, pero no es fácil. He revisado las últimas anotaciones del maestro Aloi y no acabo de ver la luz. Vosotros queréis saber si la reina Leonor fue asesinada...

—Bueno, vayamos por partes —recomienda Beatriu—. No tiene mucho sentido haber llegado hasta aquí y ahora ir con prisas. ¿Qué pasa con el funeral de la reina?

—Ya me gustaría saberlo, ya —responde Guillem Rosa, dudoso—. De hecho, casi no hay nada sobre eso. Después de que la señora de Gastão muera en sus brazos, Aloi ya no escribe nada más en el cuaderno hasta que viaja a Barcelona; si hacemos caso de las fechas que figuran en el encabezamiento de las anotaciones, ha pasado un mes.

—¡Un mes! —repito, decepcionado—. ¡Eso es una enormidad de tiempo! ¿Y qué hace en Barcelona?

—Por lo que cuenta el maestro Aloi —continúa el padre Guillem—, el rey lo envía a hablar con Mathias Olmert y, cogeros bien a la silla, ¡viaja en compañía del caballero Arnau Durfort!

—¿Está seguro que no faltan páginas, padre? —pregunto, aun sabiendo la respuesta.

—No, no, estoy seguro. No falta ninguna. He comprobado muy bien el lomo, y además la anotación siguiente empieza en la misma página. También escribe sobre la familia Durfort, parece que se hospeda en su casa a pesar de disponer de la suya propia, y dice que siente que está en peligro. Pero en las anotaciones siguientes sólo habla del tal Olmert.

—¿Y...? —pregunta Beatriu, que estaba extrañamente callada.

—No hay mucho más —el padre Guillem hace evidente su decepción—. Más adelante escribe algunas notas acerca del paso del tiempo y de cómo la aventura con la reina marca el fin de sus esperanzas. Es una parte muy mística en la que no hace ninguna referencia a su familia. No sabemos si sigue en Poblet o si está con él en Barcelona...

—¡Total, que no sabemos nada! —exclama Beatriu mientras se levanta y nos comunica que se va al baño.

—No puede ser que llegados a este punto nos quedemos con un palmo de narices —la secundo yo, que entiendo su indignación.

—Espera, Beatriu —interviene Guillem Rosa desde su lado más optimista—. Sí que sabemos más cosas. Sabemos, por ejemplo, que las actividades del maestro Aloi en Cataluña y en el resto de la Corona de Aragón están documentadas hasta 1368. ¿No es así? Por lo tanto, no le sucede nada grave en ese viaje.

—En 1350 hace el Cristo yaciente de la iglesia de San Félix de Gerona —apunta Beatriu siguiendo el camino que propone el padre Guillem—. Y más tarde trabaja en varias catedrales. Hay cosas suyas en la de Gerona, y también en la de Tarragona...

—Pero eso no nos da respuestas a los hechos que rodearon la muerte de Leonor de Portugal —reflexiono en voz alta, aun sabiendo que romperé las esperanzas de mis compañeros.

—Tal vez yo pueda daros una.

La frase nos llega como una voz en *off*, pero el emisor se recorta en el umbral de la puerta de entrada a la sala. No me cuesta reconocer la figura alta y delgaducha del padre Robert, el bibliotecario que nos expulsó de sus dominios como si estuviera en peligro el tesoro del Vaticano.

—¡Padre Robert! —lo saluda Guillem Rosa—. Me extrañaba que no tuvieseis algún papel en esta historia.

—Excepto el de perro guardián —sugiere Beatriu, que ha encontrado la ocasión de expulsar su descontento.

El padre Robert ha dejado los hábitos en casa y viste una americana oscura sobre una camisa azul. Si no fuera por el alzacuello, se podría decir que es un hombre de negocios de los que caminan con paso decidido por las calles de Barcelona. Beatriu dice que ahora sí que se va al baño y yo intento pasar inadvertido mirando una de las noticias enmarcadas de la pared. Pero él se acerca y me da unos golpecitos en la espalda...

—Un buen personaje su historiador salmantino, señor Grau.

Creo que me sonrojo antes de que me diga que somos unos ingenuos si pensábamos que los íbamos a engañar. Ellos lo sabían todo desde el principio. El padre Guillem mira con atención a Beatriu, como si quisiera saber por fin si se va o se queda, pero ella no se mueve ni un centímetro.

—Les aseguro que no vale la pena continuar con esta búsqueda —dice el padre Robert mientras se acomoda en uno de los sillones con aire displicente.

—Eso, si acaso, lo decidiremos nosotros —responde Guillem Rosa, seguro de sí mismo—. Pero quizá usted, como archivero de Poblet que es, nos podrá arrojar luz sobre algunas cosas. Porque entiendo que ha venido a recuperar el manuscrito...

—Antes que nada —dice el bibliotecario—, analicemos la situación. Ustedes han robado un libro muy valioso del monasterio y mi misión es recuperarlo. Yo odio la violencia, pero los monjes que me esperan en el coche han sido entrenados para resolver todo tipo de conflictos. La trampa del Museu del Vi no les ha dado muy buen resultado y yo recomendaría una negociación tranquila.

—¿Y en qué consiste esa negociación? —pregunta Guillem Rosa mientras Beatriu y yo esperamos con expectación.

—Les puedo dar unas cuantas respuestas, ya que están tan interesados. La Iglesia guarda unos documentos del abad Serafí que confirman las sospechas del maestro Aloi. La reina Leonor fue envenenada lentamente por su aya, como descubrieron los agentes del rey Pere y estuvo a punto de averiguar su amigo, que Dios lo tenga en su gloria...

—¡No me lo trago! —salta Beatriu, que se acerca al padre Robert para hacer más explícita su indignación—. ¿Con qué motivo? El maestro Aloi asistió a los últimos minutos de la señora Gastão y de ninguna manera sacó esa conclusión.

—Tranquila, señorita Beatriu, ustedes son historiadores y trabajan con los documentos que la Historia nos ha legado. No pueden contradecirlos con suposiciones.

—¿Podríamos ver esos escritos del padre Serafí? —interrogo por mi cuenta, calibrando el valor de sus palabras.

—¡Por supuesto que no! —me responde con contundencia el padre Robert—. Y no sólo eso: yo negaré en cualquier circunstancia lo que acabo de decir.

—¿Por qué no figura el padre Serafí en la lista de los abades de Poblet? —interviene Beatriu.

—Bueno, parece que fue una época muy turbulenta y que no llegó a hacerse efectivo el nombramiento. El abad Serafí murió víctima de la peste poco tiempo después de la reina; no obstante, algunos testimonios lo reconocen como abad, digamos que virtual.

—¿Y la confabulación de los patricios de Barcelona y del obispo Ricomà contra Pere el Ceremonioso? —pregunta Guillem Rosa como si despertara.

—Sobre eso no hay nada documentado —dice el padre Robert—. Yo personalmente pienso que el tal Aloi de Montbrai tenía demasiada imaginación, además de padecer una locura considerable.

—¿A qué se refiere? —le pregunto, abandonando yo también mi asiento.

—Pues que ningún otro testimonio nos habla de esa supuesta

relación con la reina. Se arriesgó mucho para poder presumir delante de los otros maestros y artesanos.

—Vamos a ver, padre Robert —vuelve a intervenir Guillem Rosa—: ¿Pretendéis vendernos que el contenido de la crónica del maestro Aloi es una especie de novela que él imaginó por pura vanidad? Yo tampoco me creo vuestras palabras. La Iglesia teme sacar a la luz estos documentos, pero han pasado más de seiscientos cincuenta años y la sociedad ya no se escandaliza por cosas como ésas.

—¡Hay que salvaguardar el prestigio de la Iglesia, padre Guillem! Eso que decís demuestra lo acertada que fue vuestra destitución. Si no lo hacemos así, ¿cómo podremos acercarnos a las nuevas generaciones? ¿Queréis, tal vez, sacar conclusiones del contenido de crónicas como la del maestro Aloi, que nunca han sido probadas?

—Todo esto es muy edificante —le responde Beatriu dando un giro a la conversación que el padre Robert no esperaba—, pero nos aleja de un asunto que tendría que ser mucho más importante para nosotros…

—Usted dirá, señorita Casal —el bibliotecario vuelve a mostrar su faceta más negociadora.

—La pregunta es si ustedes asesinaron a Ricard Serra.

Lo pregunta con tanta suavidad que el efecto es demoledor, como si el tono de confidencialidad aumentara la magnitud del crimen. Seguramente Guillem Rosa ya tenía prevista la pregunta, pero Beatriu la ha introducido de tal manera que toda la carga de obscenidad que contiene parece estallar en el centro de la sala de lectura. El padre Robert, nervioso, tarda unos segundos en responder.

—De eso sabemos tanto como ustedes. No tuvimos ninguna noticia de esa muerte hasta que apareció en los periódicos. Y al principio tampoco la relacionamos con su intervención en este asunto. Es importante que me crean —se vuelve hacia el padre Guillem—. La Iglesia protege sus intereses, pero no le complacen las muertes inútiles.

—¿Está seguro? —interviene otra vez Beatriu—. A veces la violencia puede dar paso a un accidente.

—Basta, Beatriu —reclama Guillem Rosa—. El padre Robert puede ser un fanático pero no es un asesino.

Al oír esas palabras, el bibliotecario mira a Beatriu con una sonrisa que, sin embargo, no expresa malicia ni triunfo. Desarmada provisionalmente, mi amiga guarda un silencio que sin duda le resulta doloroso.

—Si devolvemos el manuscrito del maestro Aloi —dice Guillem Rosa que parece haber optado por lo práctico—, ¿acabará la persecución a la que nos habéis sometido? Sin duda estáis al corriente de que conozco oscuros secretos del abad Rubí. En el supuesto de que llegaran al Vaticano, podríamos trastornar mucho la vida del monasterio o, como mínimo, provocar una inquietud justificada. Y tengo la impresión de que el actual abad os deja ir bastante por libre ¿Me equivoco?

El padre Robert se revuelve en el sillón mientras Beatriu por fin se ha decidido a ir al baño, pero descubro con espanto que la crónica de Aloi ha desaparecido con ella. Los dos monjes siguen hablando, se reprochan cada vez más cosas del pasado y el padre Guillem lo acusa de ser uno de los artífices de su destitución. Beatriu no vuelve y yo me disculpo, preocupado por si pone en marcha su probada capacidad de hacer lo que no debe.

—Puede decirle a su amiga que más le vale devolver el manuscrito; si no quiere vérselas con mis amigos, claro está—dice el padre Robert desafiante cuando salgo por la puerta de la sala.

Es evidente que a este monje no se le escapa ni una. Cruzo el corredor a buen paso y entro en los lavabos de mujeres. No espero encontrarla allí y ya me veo enfrentándome a los esbirros del padre Robert, pero, contra mi predicción, Beatriu está en el interior encerrada a cal y canto.

—¡Beatriu! ¡Haz el favor de abrir! ¿Y el libro? No nos podemos permitir ninguna tontería.

—Tranquilo, Enric. Sólo quería echarle un último vistazo. Salgo enseguida.

Vuelvo a pedirle que me abra pero no obtengo respuesta. Por un momento me pregunto si será capaz de destruirlo, de creer que la mejor solución a toda esta historia es que no sea de nadie. Minutos después aparece con el libro bajo el brazo.

—¿Te has vuelto loca? Un buen historiador tiene que saber reconocer su derrota, Beatriu.

—Tú serás un buen historiador, Enric. Yo sólo quiero saber la verdad.

—Pero no a cualquier precio —respondo levantando la voz.

—Vete a la porra, Enric.

Me deja el libro en las manos y sube la escalera en dirección a las habitaciones. De repente, lamento haber dejado solo al padre Guillem y vuelvo a la sala. Ya no hablan. El padre Robert consulta los libros de una colección de quiosco y Guillem Rosa está en el sofá con aspecto preocupado.

—Ya era hora —dice el padre Robert—. Pensaba que tendría que romper el trato, y Dios sabe que no me gustaría.

—Más vale que desaparezca de mi vista, Robert Capmany, no vaya a olvidarme de mi edad y condición.

—No quisiera ser el motivo de un acto tan impropio de vos —responde el padre Robert divertido, mientras se despide con una reverencia y se encamina a la salida.

Paso la hora siguiente escuchando al padre Guillem, que poco a poco va tranquilizándose. Su indignación es manifiesta, pero también me transmite su cansancio por esos personajes que desvirtúan el estamento eclesiástico. Me expresa su deseo de retirarse al convento y hacer una vida de lectura y reposo.

Yo intento que se quede a dormir al hotel. Le prometo que encontraré una habitación y que en pocas horas lo devolveremos al monasterio de Vallbona. Pero él dice que llamará a un amigo que lo llevará ahora mismo. No lo dudo, después de haber vivido lo que sus amigos son capaces de hacer por él.

La llamada es eficaz y pienso que sólo nos queda acompañarlo a esperar el coche que lo conducirá a su casa. Mientras caminamos por el interior de los jardines hacia la salida, no puedo evitar hacerle la pregunta...

—¿No os preocupa que el abad Rubí os haga la vida imposible? ¿O tan grave es lo que sabéis de él?

—No os preocupéis por mí, Enric. Sé defenderme solo.

—No lo dudo, padre Guillem, pero déjeme decirle que ha sido un gran placer y que lo echaré de menos.

—Yo también, amigo mío. Pero Vallbona de les Monges no queda lejos de Barcelona, y quizá vengas a visitarme alguna vez.

—¿Y Beatriu? No os habéis despedido.

—Ella también sabe dónde encontrarme.

No dice nada más. El BMW de Marc se detiene muy cerca y el chico baja del coche con una sonrisa en los labios. Antes de que le pregunte nada, me asegura que todo está solucionado, que le pondrán una multa que probablemente no llegará nunca. Apenas tengo tiempo de desearles suerte. Marc sale disparado como si la carretera de Poblet a l'Espluga fuera el circuito de Montmeló y veo al padre Guillem que celebra la arrancada con una sonrisa.

Cuando desaparecen tras la primera curva, pienso en las últimas palabras de Beatriu. ¿Tendré que explicarle que no quería ofenderla? Vuelvo al hotel y subo la escalera modernista de dos en dos. Al llegar frente a la puerta de la habitación llamo con un par de golpes muy suaves. Me espero cualquier respuesta, pero la voz de mi amiga suena tranquila, casi amable.

—¡Entra, Enric!

—¿Todavía estás enfadada? —Beatriu está tumbada en la cama y juega con el móvil, o quiere hacer alguna llamada, así que me tumbo a su lado.

—¿Ya se ha ido el padre Guillem?

—Sí, dice que espera que vayamos a visitarlo —respondo, sin saber cómo se tomará este plural.

—Quizá sí, ¿no te parece? —continúa manipulando el móvil y entonces es cuando me doy cuenta que mira unas fotografías que a simple vista no reconozco.

—¿Qué miras? —le pregunto, ya dispuesto a confirmar la sospecha.

—Las páginas de la crónica del maestro Aloi —me contesta con una sonrisa de felicidad—. No he tenido mucho tiempo, pero he fotografiado toda la última parte. No puede ser que el escultor pase así de explicarnos su versión. Las tengo que revisar a fondo.

—¡Oh, Beatriu, eres… eres incorregible!

—¿ Y qué esperabas?

Epílogo

Llevo tres días encerrado en casa con la intención de hacer un borrador de todo lo que hemos vivido desde la muerte de Ricard. No sé si mi intención es ponerlo por escrito, o tal vez publicarlo. Sin duda la influencia de Aloi de Montbrai, con esa manera suya de dejar constancia de los hechos, ha sido decisiva. A veces pienso que podría hacerlo si hubiera un culpable, pero en este caso lo único que tenemos son sospechas. Me digo que no lo solucionaré nada más levantarme y que más vale que me prepare un buen desayuno, cuando me viene a la cabeza un recuerdo antiguo. Beatriu, Ricard y yo, dando vueltas y más vueltas por el claustro central de la universidad. Ricard Serra habla por los codos, siempre lo hace si Beatriu se lo permite, y dice muy a menudo:

—La investigación histórica es lo que más me gusta en esta vida. No sé qué haría si no pudiera investigar.

El recuerdo hace que me quede plantado delante de la ventana desde la que veo el mar. Sé que no es más que un pequeño recorte, un rincón azul que la Torre Agbar ha reducido, pero cada día me fijo en el color del agua y eso me ayuda a despertar. Me pregunto si al lugar adonde ha ido Ricard habrá algo que investigar; la historia del cielo, por ejemplo; y me digo enseguida que eso es un pensamiento inútil. Claro que me gustaría saber quién lo mató, pero ¿qué haría con eso? ¿Hay dos partes diferentes en el cerebro, una para las cosas resueltas y otra para las incógnitas?

Cojo el té y las galletas y me voy al comedor. En un corcho donde tengo colgados papeles muy variopintos, he clavado la fotografía de Domènech i Montaner poniendo la crónica de Aloi en las manos de un monje desconocido. Éste permanecerá siempre como el personaje que ejemplifica todos los misterios que no hemos sabido resolver. Quizá algún día busque a la bibliotecaria del Col·legi d'Arquitectes y le diga que con las prisas se nos mezcló esa fotografía con nuestros papeles. Pero de momento me gusta verla, examinar con la lupa la cara consternada del arquitecto y la cara de satisfacción, de triunfo, del monje.

Beatriu me prometió que me llamaría en cuanto tuviera un momento, pero por lo visto no ha tenido ninguno. No me sorprende. Me la imagino leyendo una vez tras otra las notas finales del manuscrito de Aloi de Montbrai, intentando dar con un secreto que tal vez nunca ha existido. A veces pienso si el padre Robert no tenía razón cuando dijo que el escultor sólo fantaseaba. Yo también lo hago desde que no veo a Beatriu. La siento cerca, llenándome de besos de una ternura irrepetible, mirándome con esos ojos oscuros como la boca de un lobo donde te aventurarías sin pensártelo dos veces.

De repente me doy cuenta de que la campanilla insistente no forma parte de mis pensamientos. Alguien llama a la puerta y me digo que sólo puede ser Beatriu, que por fin ha encontrado el momento.

—Hola, Beatriu —digo a la vez que abro, pero la figura que ocupa el umbral de la puerta no es menuda, y ni siquiera sonríe.

—Lamento desilusionarlo, señor Grau —dice el inspector García, que no debe de tener muchas camisetas porque vuelve a llevar la de ese grupo musical impronunciable.

—¡Inspector! Para serle sincero, es la última persona que esperaba ver.

—Supongo que eso no le impedirá invitarme a un café —dice después de fijarse en la taza que tengo en las manos.

—Pase, por favor —le pido, resignado—, pero en esta casa nunca hay café. Me provoca dolor de estómago.

—Qué lastima. Siento molestarlo, pero no le quitaré mucho tiempo. Pasaba por aquí y he pensado que le gustaría que lo pusiera al corriente de la investigación.

Estoy pensando qué otra cosa puedo ofrecerle en lugar de café, pero él no me da pie. Nos quedamos los dos en medio del recibidor, sin que me sea posible cerrar la puerta.

—Eso quiere decir que han encontrado al asesino —pregunto sin mucha esperanza, y su respuesta me coge totalmente desarmado.

—¿El asesino? No, de ninguna manera. ¡Los asesinos!

—Si no se explica… —digo con el propósito de ganar tiempo para mi estupefacción.

—Fueron dos tarambanas los que entraron aquel día en la casa de Ricard Serra. Tenían orden de buscar unos papeles, y de llevarse el ordenador, por supuesto, que está convirtiéndose en un clásico de nuestras pesquisas. Tal vez usted deduzca enseguida quién los envió con esta misión si le digo que los papeles tenían que hacer referencia a un escultor medieval, Aloi de Montbrai —lee el nombre en el pequeño cuaderno de gusanillo que siempre le he visto en las manos.

—No es educado hacer conjeturas si usted ya sabe quién es el culpable —le respondo confundido mientras pienso que, afortunadamente, los papeles de Domènech i Montaner también los tiene Beatriu; por si fuera a sacar algo en claro.

—Como quiera, pero se trata de un conocido suyo, el profesor Jaume Badia.

Tal vez me lo esperaba, pero saber que mis sospechas se confirman no me hace ninguna gracia. Tampoco he sabido nada del profesor desde que lo dejamos encerrado en la celda del abad Rubí, y la verdad es que lo imaginaba tratando de resolver los problemas que se le habrían echado encima por allanamiento de morada.

—¿Me está diciendo que el profesor Badia dio la orden de asesinar a Ricard? —pregunto todavía conmocionado y pensando, estúpidamente, que nunca acabé de rellenar las fichas del último encargo.

—Bueno, no es ésa la versión de los asesinos —dice el inspector mientras da dos pasos hacia el interior de la casa y yo puedo cerrar la puerta—. Dicen que Ricard Serra, al descubrirlos, se puso como loco y que, a causa de un desafortunado empujón, cayó y se golpeó contra la mesa.

—¡Un accidente! ¡Un accidente sin sentido! ¡Por unos papeles antiguos! ¿Y qué dice Badia? ¿Lo han detenido?

—Puede decirse que su detención fue un tanto rocambolesca —sigue explicando el inspector—. Cuando dimos la orden de búsqueda nos enteramos que estaba detenido en l'Espluga de Francolí, con los cargos de allanamiento de morada e intento de robo.

—Sí, el profesor siempre ha hecho cosas raras. ¿Qué pasará ahora? ¿Lo inculparán por la muerte de Ricard?

—No es fácil, no crea. Tiene una coartada. Una alumna de la universidad está dispuesta a jurar que estaba con él aquella noche, y la palabra de esos dos personajes tendrá escaso valor ante un juez.

—¿Y usted qué piensa, inspector?

—¿Quiere saberlo? Pienso que ustedes, los universitarios, a veces se exceden persiguiendo sus objetivos.

Nos quedamos mirando con hostilidad. Tal vez tenga razón, pero no me gusta que me ponga en el mismo saco. Noto la taza fría en mis manos y el inspector aprovecha para hacerme la pregunta que lo ha traído hasta mi casa.

—Usted, claro está, no tiene ninguna relación con esta historia, ni sabe por qué era tan importante el tal Aloi de Montbrai —vuelve a leer el nombre en la libreta mientras yo miro a través de la puerta que da al comedor la fotografía de Domènech i Montaner clavada en el corcho.

—Supone bien. El profesor Badia es el catedrático de mi departamento, pero no suele compartir sus investigaciones. Ya sabe cómo funciona eso, ¿verdad?

—Empiezo a hacerme una idea, señor Grau —dice el inspector dirigiéndose a la puerta y quedándose delante—, pero si recuerda algo que nos pueda se útil, me avisará, ¿no es así?

—¡Por supuesto que sí! Por cierto —le digo antes de que cruce el umbral—, no hemos hablado nunca de la inscripción que había en la pared del despacho, aquello del Libro de la sabiduría...

—Esos dos juran que no es cosa suya, que el profesor Badia no les dijo nunca que hicieran esa inscripción. Yo, por las pocas luces que les reconozco, creo que dicen la verdad. Posiblemente acabará siendo uno de esos misterios que no podemos resolver. ¿No le parece?

Hago un gesto afirmativo con la cabeza aunque por dentro no acabo de entenderlo. Le franqueo el paso y él se despide con un gesto. No me retiro enseguida; espero que coja el ascensor y, ya dentro de casa, cuando oigo el golpe de la antigua maquinaria que lo sitúa en la planta baja, me dejo caer de espalda contra la puerta y resoplo. Después cierro con el candado. La taza en las manos me recuerda que tengo que prepararme otro té y esperar. Quizá la próxima vez sea Beatriu quien llame a la puerta.

Esta novela ha sido escrita en muchos lugares distintos, pero me complace citar algunos que se han convertido en fundamentales para que llegara a buen puerto. Son el Centre d'Art i Natura de Farrera (Pallars Sobirà), la biblioteca del Col·legi d'Arquitectes de Barcelona, el hotel Villa Engracia de Les Masies de Poblet o la biblioteca del Monestir de Poblet.

Todo esto ha tenido lugar a lo largo de los años 2007 y 2008.

ESTE LIBRO HA SIDO IMPRESO
EN LOS TALLERES DE
LIBERDÚPLEX, S. L. U.
SANT LLORENÇ D'HORTONS (BARCELONA)